감정평가사
어떻게
되었을까
?

KB015656

꿈을 이룬 사람들의 생생한 직업 이야기 44편

감정평가사 어떻게 되었을까?

1판 1쇄 찍음 2022년 06월 24일
1판 2쇄 펴냄 2023년 03월 29일

펴낸곳	㈜캠퍼스멘토
책임 편집	이동준 · 북커북
진행 · 윤문	북커북
연구 · 기획	오승훈 · 이사라 · 박민아 · 국회진 · 윤혜원 · ㈜모야컴퍼니
디자인	㈜엔투디
마케팅	윤영재 · 이동준 · 신숙진 · 김지수 · 김수아 · 김연정 · 박제형 · 박예슬
교육운영	문태준 · 이동훈 · 박흥수 · 조용근 · 황예인 · 정훈모
관리	김동욱 · 지재우 · 임철규 · 최영혜 · 이석기
발행인	안광배

주소	서울시 서초구 강남대로 557 (잠원동, 성한빌딩) 9층 ㈜캠퍼스멘토
출판등록	제 2012-000207
구입문의	(02) 333-5966
팩스	(02) 3785-0901
홈페이지	http://www.campusmentor.org

ISBN 979-11-92382-10-4 (43320)

ⓒ 캠퍼스멘토 2022

현직
감정평가사들을
통해 알아보는
리얼 직업
이야기

감정평가사
어떻게

How did they become
Certified Appraisers?

되었을까?

CampusMentor
캠퍼스멘토

"도움을 주신 감정평가사들을 소개합니다"

무형자산 감정평가 전문
이상용 감정평가사

- 현) 삼일감정평가법인(서울 본사)
  무형자산사업본부 본부장
- 한국자산관리공사(KAMCO) 인재개발원 교수 역임
- 서울 교총 자문위원 역임
- 제23회 감정평가사 합격
- 한화증권 근무
- 고려대학교 문과대학 심리학과 졸업(서울)
- 서울 서라벌고등학교 졸업

인스타그램 ID : sangyong7478
유튜브 채널 : 이상용 감정평가사

소송 전문 감정평가사·보상금증액 전문 행정사
박효정 감정평가사

- 현) 로안감정평가사사무소, 토지보상행정사사무소 대표
- 현) 법무법인 센트로 자문 감정평가사
- 현) 법무부 법사랑 기흥지구협의회 위원
- 현) 한국감정평가사사무소협의회 이사
- 현) 안성시 공유재산심의회 위원
- 현) 수원지방법원 소송, 경매감정인
- 현) 한국자산관리공사 공매감정인
- 현) 머니투데이 칼럼니스트
- 대한감정평가법인 근무
- 태평양감정평가법인 근무
- 삼성감정평가법인 근무
- 2017. 제5회 행정사 합격
- 2010. 제21회 감정평가사 합격
- 강남대학교 부동산학과 졸업
- 잠실여자고등학교 졸업

저서: 감정평가사 사용법, 난생처음 재개발·재건축
네이버블로그: 로안감정

특수물건 감정평가 전문
최성준 감정평가사

- 현) 화신감정평가사사무소 대표 감정평가사
- 현) 법원감정인, 공매감정인,
- 현) 서울시 및 각 구청 업무 협약 감정평가사
- 현) 한국감정평가사협회 정회원
- 대한감정평가법인(일산), 대화감정평가법인(인천) 근무
- 제20회 감정평가사 합격
- 부동산 경매 관련 업무
- 연세대학교 사회과학대학 행정학과 졸업
- 민간자격증인 기업가치평가사 자격증 취득
- 예술경영지원센터에서 실시한 미술품 감정평가인력
  육성과정 수료

상속증여 전문 감정평가사
안유라 감정평가사

- 현) AYR감정평가사사무소 대표
- 세빌스코리아(글로벌 부동산 투자자문회사) 투자자문
- 쿠시먼앤드웨이크필드(미국계 부동산 컨설팅 회사)
  Value Add 팀 근무
- 감정평가법인 '태평양감정평가법인' 본사 근무
- 제20회 감정평가사 합격
- 연세대학교 주거환경학과, 경영학과 복수전공
- 네이버 '안평의 블로그' 운영

감정평가업무·공인중개업무·유튜브 활동가
박재우 감정평가사

- 현) 리랩스(Re:LABs) 감정평가사 사무소 & 공인중개사
  사무소 운영
- 유튜브 리랩스TV 운영
- 대화감정평가법인 경남중앙지사 근무
- 삼창감정평가법인 본사 및 경기지사 근무
- 제18회 감정평가사 합격,
- 제18회 공인중개사 합격
- 계명대학교 경영학과 졸업

부동산 고수를 꿈꾸는 감정평가사
김아인 감정평가사

- 현) 나라감정평가법인 감정평가사
- 제30회 감정평가사 합격
- 삼성엔지니어링 근무
- 서강대 경영학과 졸업
- 명덕여자고등학교 졸업

이 책의 구성

Chapter 1

감정평가사, 어떻게 되었을까?

Chapter 2

감정평가사의 생생 경험담

Chapter 3

예비 감정평가사 아카데미

감정평가사,

어떻게
되었을까
?

감정평가사란?

감정평가사란

판매, 구매, 과세나 자산처분을 목적으로 토지, 건물, 공장, 광산, 입목 등의 부동산을 비롯하여 기계기구, 항공기, 선박, 유가 증권, 영업권과 같은 유무형의 재산에 대한 경제적 가치를 판정하여 그 결과를 가액으로 표시하는 일을 한다.

감정평가사는 대상물의 감정목적을 감안하여 조건, 목록 등 감정의 기본적 사항을 책정하고 이에 따라 감정계획을 세운다. 부동산 및 동산 등의 평가물을 대상으로 내용, 성능, 구조 등 가치에 미치는 제반 요인을 확인하고 이를 정리한다.

현장조사와 각종 손익계산서, 대차대조표 등의 자료를 검토하고 법인 내 동료 감정평가사의 의견을 수렴하여 최종적으로 가격을 결정한 후 감정서를 작성한다. 평가업무 수행 시, 자신의 전문분야가 아니거나 난해한 부분이 있을 시에는 관련 전문가에게 의뢰하기도 한다.

감정평가 대상에 따라 지가공시를 위한 표준지 평가, 공익사업을 위한 보상평가, 기업체의 자산평가, 대출을 위한 담보물 평가, 법원 경매물건 평가 등을 수행한다.

출처: 한국직업사전

감정평가사가 하는 일

- 감정평가사는 동산(공장, 자동차, 항공기 등), 부동산(토지, 건물, 아파트, 임야 등), 무형 자산 등의 경제적 가치를 평가하여 그 결과를 화폐가치로 산정한다.
- 공시지가의 조사 평가, 국세, 지방세 등의 부과 기준 가격 산정을 위한 감정평가, 공익사업을 위한 보상 평가, 금융 기관 등의 담보 평가, 법원 경매물건 평가 등을 담당한다.
- 감정 평가 의뢰서를 작성하고 대상물의 감정 목적을 감안하여 감정계획을 세운다.
- 대상물의 가격에 미치는 모든 요인을 확인하여 대상 물건의 부동산 가격을 조사하고, 해당 물건의 용도, 입지 조건, 주변 시설 등 지역 특성을 살핀다.
- 모든 요인을 종합하여 최적의 감정 방법을 선정, 가격을 환산한 후 감정서를 작성한다.
- 유무형의 재산에 대한 경제적 가치를 판정하여 그 결과를 가액으로 표시한다.

◆ 업무수행능력

중요도	업무수행능력	설명
99	공간지각력	자신의 위치를 파악하거나 다른 대상들이 자신을 중심으로 어디에 있는지 안다
93	범주화	기준이나 법칙을 정하고 그에 따라 사물이나 행위를 분류한다
	판단과 의사결정	이득과 손실을 평가해서 결정을 내린다
91	글쓰기	글을 통해서 다른 사람과 효과적으로 의사소통한다
	수리력	어떤 문제를 해결하기 위해 수학을 사용한다
90	듣고 이해하기	다른 사람들이 말하는 것을 집중해서 듣고 상대방이 말하려는 요점을 이해하거나 적절한 질문을 한다
87	문제 해결	문제의 본질을 파악하여 해결 방법을 찾고 이를 실행한다
85	읽고 이해하기	업무와 관련된 문서를 읽고 이해한다
83	기술 분석	새로운 방법을 고안하고 기존의 방법을 개선하기 위해서 현재 사용되는 도구와 기술을 분석한다
	논리적 분석	문제를 해결하기 위해(혹은 의사결정을 하기 위해) 체계적으로 이치에 맞는 생각을 해낸다

◆ 지식 중요도

중요도	업무수행능력	설명
98	지리	육지, 바다 그리고 하늘의 특성 및 상호관계에 관한 지식
95	건축 및 설계	집, 빌딩, 혹은 도로를 만들고 수리하는 데 필요한 지식
	법	법률, 규정에 관한 지식
67	국어	맞춤법, 작문법, 문법에 관한 지식
	식품생산	식용을 위해 동물이나 식물을 기르고 수확물을 채취하기 위한 기법이나 필요한 장비에 관련된 지식
59	경제와 회계	돈의 흐름, 은행업무, 그리고 재무자료의 보고와 분석과 같은 경제 및 회계 원리에 관한 지식
	기계	기계와 도구를 사용하고, 수리.유지하는 것과 관련된 지식
	생물	동.식물 또는 생명현상에 관한 지식
58	역사	역사적 사건과 원인 그리고 유적에 관한 지식
54	사회와 인류	집단행동, 사회적 영향, 인류의 기원 및 이동, 인종, 문화에 관한 지식

출처: 커리어넷

감정평가사의 직업전망

(연평균 취업자 수 증감률 추정치)

감소	다소 감소	유지	다소 증가	증가
-2% 미만	-2% 이상 -1% 이하	-1% 초과 +1% 미만	1% 이상 2% 이하	2% 초과

　향후 10년간 감정평가전문가의 고용은 현 상태를 유지하는 수준이 될 것으로 전망된다. 한국감정평가사협회에 따르면 2016년 현재 약 3,700명의 감정평가사가 활동하는 것으로 파악된다. 기업이 보유한 유형자산 및 무형자산의 재평가 등으로 감정평가 수요가 증가하고 있고 도시재생사업(재건축, 재개발 등) 활성화 등으로 부동산 거래가 활발해지면 감정평가 수요 및 감정평가사의 고용 증가가 예상된다. 감정평가업과 리츠, 부동산펀드 등 부동산금융업의 연계업무 수요증대가 예상되며, 특히 감정평가, 부동산중개, 개발공급, 임대관리 등 부동산 관련 종합서비스를 제공하는 업체가 늘어날 전망이다. 또한 최근 환경과 관련한 삶의 질에 관한 관심이 높아지면서 일조권, 조망권 등 주거환경을 평가하거나 건축물 에너지 성능의 시장가치반영 평가 등 환경분쟁과 관련하여 손해액을 측정하는 감정평가업무의 수요도 점차 늘어날 것으로 보인다.

　감정평가는 불황일 경우에도 경매시장에 부동산이 매물로 나오는 경우가 많아 감정평가 업무는 경기에 상대적으로 영향을 덜 받을 수 있으나, 감정평가 부문에서 대출을 위한 담보평가의 비중이 상당한데 이는 정부의 대출관련 규제 강화 및 완화와도 밀접한 관련이 있는 만큼 정부의 정책에 따라 감정평가업무의 수요 및 감정평가사의 고용에도 영향을 미칠 것으로 보인다. 또한 공시지가 업무의 축소, 택지개발사업의 감소, 재건축 규제강화 등으로 공적 감정평가업무가 줄어든다면 감정평가사의 고용감소에도 영향을 미칠 수 있다. 감정평가업무에도 최근 IT기술을 기반으로 한 시스템이 도입되고 있어 이는 감정평가사가 갖춰야 할 역량에도 변화가 올 것으로 보이며, 고용감소를 가져오는 요인이 될 수도 있다.

현재 금융기관 중에는 실거래가 자료를 활용하여 부동산의 담보가치를 자동으로 산정하는 시스템을 활용하는 곳도 있고 향후 더 진보된 인공지능시스템에 의한 감정평가가 이뤄진다면 담보평가 수요는 다소 감소할 수도 있을 것이다. 또한 점차 수백 명의 감정평가사를 고용하는 전국적 규모의 대형법인 위주로 감정평가 업무가 이뤄지고 있어서 소규모 법인이나 사무실은 경쟁에서 도태될 가능성도 있고 감정평가사 간의 양극화가 발생할 가능성도 있다.

출처: 직업백과

감정평가사의 자질

─── 어떤 특성을 가진 사람들에게 적합할까? ───

- 수치와 통계를 계산하고 적용할 수 있는 수리능력, 공간지각력, 판단 및 의사결정능력을 갖추어 야 한다.
- 꼼꼼하고 세밀한 성격을 가진 사람이 유리하며 이해관계에 따라 감정평가의 결과가 좌우되지 않 도록 공정성과 신뢰성, 책임감 등과 같은 엄격한 직업의식이 요구된다.
- 현실형과 탐구형의 흥미를 지닌 사람에게 적합하며, 정직, 신뢰, 독립성 등의 성격을 가진 사람들 에게 유리하다.

출처: 커리어넷

감정평가사와 관련된 특성

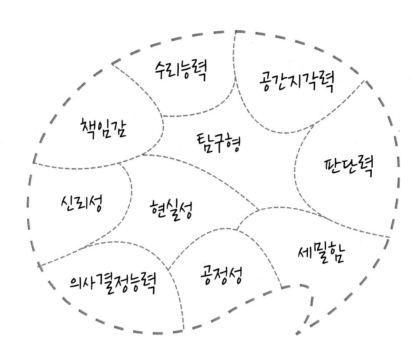

수리능력
공간지각력
책임감
탐구형
판단력
신뢰성
현실성
세밀함
의사결정능력
공정성

감정평가사가 되려면?

■ **정규 교육과정**

감정평가사가 되기 위해서는 대학에서 법학, 경제, 부동산학, 도시학 등을 전공하면 유리하다.

■ **직업 훈련**

감정평가사무소를 개설할 경우에는 자격증 취득 후, 교육훈련과정 6개월과 실무훈련과정 6개월로 이루어진 1년간의 실무수습을 받아야 한다.

■ **관련 자격증**

관련 자격증으로는 국토교통부에서 주관하고 한국산업인력공단에서 시행하는 감정평가사가 있다.

■ **입직 및 취업방법**

감정평가사가 되기 위해서는 국토교통부에서 주관하고 한국산업인력공단에서 시행하는 감정평가사 자격증을 취득해야 한다. 감정평가사 시험에 학력, 나이, 전공 등의 자격제한은 없다. 한국부동산원(전, 한국감정원), 감정평가법인, 합동사무소, 개인사무소, 한국토지주택공사, 보험회사 등에 진출한다.

◆ **감정평가사 시험정보**

• 응시자격

- 감정평가 및 감정평가사에 관한 법률 제12조 각호의 1에 해당하는 결격사유가 없는 사람

감정평가사 결격사유자
1. 미성년자 또는 피성년후견인·피한정후견인
2. 파산선고를 받은 사람으로서 복권되지 아니한 사람
3. 금고 이상의 실형의 선고를 받고 그 집행이 종료(종료된 것으로 보는 경우를 포함한다) 되거나 그 집행이 면제된 날부터 3년이 지나지 아니한 사람
4. 금고 이상의 형의 집행유예를 받고 그 유예기간이 만료된 날부터 1년이 지나지 아니한 사람
5. 금고 이상의 형의 선고유예를 받고 그 선고유예기간 중에 있는 사람
6. 법 제13조에 따라 감정평가사 자격이 취소된 후 3년이 경과되지 아니한 사람
7. 법 제39조 제1항 제11호 및 제12호에 따라 자격이 취소된 후 5년이 경과되지 아니한 사람

• 시험과목 및 방법

시험구분	교시	시험과목	입실완료	시험시간	문항수
제1차 시험	1교시	- 민법(총칙, 물권) - 경제학원론 - 부동산학원론	09:00	09:30~11:30(120분)	과목별 40문항
	2교시	- 감정평가관계법규 - 회계학	11:50	12:00~13:20(80분)	
제2차 시험	1교시	- 감정평가실무	09:00	09:30~11:10(100분)	과목별 4문항 (필요 시 증감가능)
		중식 시간			
	2교시	- 감정평가이론	12:30	12:40~14:20(100분)	
	3교시	- 감정평가 및 보상법규	14:40	14:50~16:30(100분)	

• 합격기준

구분	시험
1차 시험	영어과목을 제외한 나머지 시험과목의 합격기준은 매 과목 100점을 만점으로 매 과목 40점 이상, 전 과목 평균 60점 이상의 득점으로 함
2차 시험	○ 매 과목 100점을 만점으로 하여 매 과목 40점 이상, 전 과목 평균 60점 이상을 득점한 자를 합격자로 결정하되, 매 과목 40점 이상, 전 과목 평균 60점 이상을 득점한 자가 최소합격인원에 미달하는 경우에는 최소합격인원의 범위 안에서 매 과목 40점 이상 득점한 자 중에서 전 과목 평균득점에 의한 고득점자 순으로 합격자 결정 ○ 다만, 최소합격인원의 범위 안에서 고득점자 순으로 합격자를 결정할 경우 동점자로 인하여 최소합격인원을 초과하는 경우에는 당해 동점자 모두를 합격자로 결정하고, 이 경우 동점자의 점수계산은 소수점 이하 둘째자리까지(이하 버림) 계산

출처: 커리어넷/ 큐넷

JUN   JUI   AUG   SEP   OCT

18   21   24   27   30   33   36   39   42

61   91

톡(Talk)!
이상용

양심적인 자세와 경제적 통찰력이 요구됩니다.

공정하고 객관적인 가치 평가를 위해서는 '양심'이란 덕목이 가장 중요하다고 생각해요. 판사가 법률과 양심에 따라 판결하듯이 감정평가사도 법률에서 정한 방식으로 양심에 따라 가치를 평가하여야 하죠. 만약 과소평가 혹은 과대평가가 이루어지면 국가경제·시장경제·지방경제가 매우 혼란스러워질 수 있어요. 아울러 수요와 공급에 따라 가격이 결정되는데 수요와 공급은 끊임없이 변화합니다. 그래서 시장동향을 정확히 파악하고 미래를 내다볼 수 있는 '통찰력'이 필요한 거죠. '통찰력'을 갖추기 위해서는 경제학적 지식을 갖추고 시장을 바라보는 훈련을 하는 게 중요해요. 그러기 위해서는 대학에서 경제원론(거시경제, 미시경제)을 반드시 이수하고, 경제신문을 최소 1년 정도 구독하여 형광펜으로 표시하며 읽을 것을 강력히 추천합니다. 제가 그렇게 했거든요. 이론으로 배운 것을 현실에 접목하는 습관이 중요하죠.

 *거시경제: 국민경제 전체의 입장에 서서 국민소득 ·소비 ·저축 ·투자 ·고용 등 전체적으로 측정할 수 있는 총량 개념을 사용하여 이들 사이에 적용되는 원리를 파악하는 이론 부문

 *미시경제: 경제활동을 영위하는 개개의 주체, 즉 소비자 ·생산자의 행동 분석을 통하여 사회적 경제 현상을 해명하려는 근대경제학의 한 분야

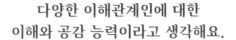

다양한 이해관계인에 대한
이해와 공감 능력이라고 생각해요.

감정평가는 목적을 갖는 행위예요. 감정평가를 받는 당사자의 입장, 평가받는 목적에 대한 이해가 바탕이 되어야 제대로 된 가치 평가가 가능합니다. 예를 들어 소송평가의 경우, 소송을 제기하게 된 원고의 입장, 상대방인 피고의 입장에 대한 전반적인 이해, 또한 이 소송을 진행하는 법원의 역할과 감정평가사의 역할에 대한 이해가 수반되어야 하죠. 담보평가라면 담보를 제공하는 대출자의 입장, 그리고 담보를 받은 금융기관의 입장에 대한 이해와 평가대상을 중심으로 이루어진 상황에 대한 전반적인 공감 능력이 필요한 겁니다.

타인의 재산을 다루는 일이라서
책임 있는 자세로 임해야 하죠.

감정평가사는 타인의 중요한 재산권을 대상으로 업무를 진행하죠. 그것도 한두 푼 하는 것이 아닌 액수가 큰 부동산을 다루고 있기에, 책임감이 무엇보다 중요한 자질이라고 볼 수 있겠네요. 그래서 제가 생각하는 전문가는 '자기 일에 책임을 지는 사람'이라 생각해요. 우리는 부동산의 전문가이기는 하지만, 모든 내용을 알 수 없답니다. 실제로 똑같은 부동산은 없기에 항상 새로운 것을 마주할 때마다 그에 맞는 조사와 분석을 실행하고 그 목적에 맞게 감정평가해야 한다고 봅니다.

톡(Talk)!
박효정

경제적 전문성과 실력을 갖추는 게 무엇보다 중요하죠.

전문가라면 두말할 것 없이 '실력'이 있어야 하죠. 전문직이라고 해당 직업 내 모든 분야를 다 알고 있다거나 혹은 경제적으로 모두 풍요로울 거라는 건 환상이에요. 감정평가사로서 실력을 쌓기 위해서는 거시경제의 흐름과 부동산 정책 등이 전반적인 부동산시장에 미치는 영향을 판단하고 분석하는 능력이 필요하죠. 또한 보상, 임료소송, 재개발·재건축 등 특정 분야를 반복적으로 많이 처리해봐야 해요. 전문 직군의 판단이 일반인에게 미치는 영향이 지대하므로 의뢰인이 처한 문제를 해결할 수 있는 지식, 경험, 숙련된 기술, 아이디어, 열정, 성실함, 정직함을 갖추어야 하고요. 개인적으로는 성실성보다는 전문성이 우선이라고 봅니다. 근면과 성실이 미덕인 우리 사회에서는 맡은 걸 열심히 하는 걸 중요시하겠지만, 일단 전문가라면 성과가 좋은 것이 더욱 중요하죠. 허리 수술 분야에선 단순히 의사 자격을 가진 사람보다, 허리 수술에 숙련된 기술과 전문성을 갖춘 전문의가 우위에 있는 것과 마찬가지예요.

한편에 치우치지 않도록 균형을 잘 잡아야 해요.

다른 업무와 달리 감정평가사는 의뢰인이 있기는 하지만, 업무 자체가 공적인 경우가 많아요. 따라서 변호사나 여타 자격사처럼 전적으로 의뢰인의 입장에 서서 모든 일을 처리하기는 어렵답니다. 보상이나 소송의 업무도 당사자들 간의 이익의 대립이 첨예하므로, 본인이 내는 감정평가 결과가 기준이 되는 경우가 많죠. 그래서 조금만 어느 쪽에 치우치면 결과적으로 본인에게는 이상하지 않지만, 이해당사자나 제삼자가 볼 때는 현저하게 이상한 결과가 나올 수도 있어요. 업무에 있어서 균형 감각은 필수적입니다.

**꼼꼼함과 더불어 신뢰를 바탕으로 한
영업력이 있어야겠죠.**

부동산이 적은 금액이 아니다 보니 숫자를 다루는 데 있어서 꼼꼼함이 필요합니다. 내가 0을 하나 더 붙이게 되면 10억이 100억이 되거든요. 또한 다양한 분야의 사람과 인맥을 쌓아가는 게 중요해요. 전문 자격증 자체로 수입이 되는 게 아니라, 실제로 사람들을 만나서 신뢰를 쌓고 의뢰를 얻어내야 하니까요.

내가 생각하고 있는 감정평가사의
자질에 대해 적어 보세요!

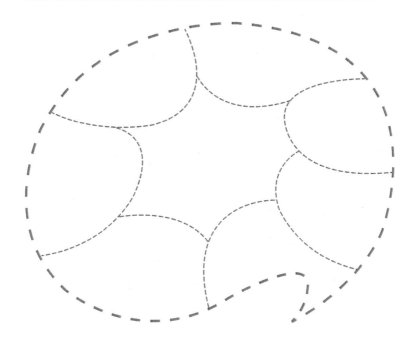

감정평가사의 좋은 점·힘든 점

| 좋은 점 |
전문적인 가치평가를 통해 고소득을 올릴 수 있답니다.

'감정평가'란 용어의 의미를 모르는 일반인들이 아주 많아요. '감정'이란 진위(진짜, 가짜)를 판별하는 것을 말하며, '평가'란 가치를 매기는 것을 말하죠. 따라서 '감정평가'란 재화의 진위여부를 판별하고, 진짜라면 가치를 평가하고, 가짜라면 가치를 평가하지 않는 겁니다. 감정평가사는 법률에 따라 진위여부 판별과 가치평가를 모두 할 수 있는 막강한 국가공인 자격자예요. 재화의 진위여부를 판별할 수 있는 고도의 전문성과 경험을 갖춘 감정평가사가 된다면 고수입이 보장될 수 있는 매력이 있죠.

| 좋은 점 |
활동적이고 현장형 일을 즐기는 사람에게는
최고의 직업이 될 수 있죠!

저는 네이버에서 <안평의 블로그>라는 개인 블로그를 운영하고 있어요. 그중 '현장조사일지'는 가장 인기가 많은 카테고리입니다. 현장조사 중에 생기는 뜻밖의 사건 사고들, 그리고 그 현장에서 만나는 새로운 사람들과 풍경이, 이 직업을 모르는 분들에겐 재미있게 느껴지나 봐요. 사실 제가 '현장조사일지'를 쓰게 된 이유는 그 경험을 오래오래 기억하고 싶었기 때문이죠. 이 직업이 아니었다면 가보지 못했을 곳들, 맛보지 못했을 음식들을 접하게 되고 때로는 가족여행을 병행하기도 한답니다.

| 톡(Talk)!
| **박효정**

| 좋은 점 |
부자의 생각과 삶의 자세를 배울 기회가 많죠.

　부동산평가를 하다 보면 부자를 자주 만날 수 있어요. 태어날 때부터 부자인 사람도 만나지만, 자수성가해서 큰 부자가 된 사람도 만나죠. 그들과 일하면서 부자의 생각이나 삶에 대한 태도, 미래에 대한 계획 등 온갖 긍정적인 것을 배우게 됩니다. 아마 이런 직업을 갖지 않았더라면 부자를 가까이 만나서 그들의 삶과 철학을 살펴볼 기회가 많지 않았을 거예요. 저는 사람은 상상하는 대로, 꿈꾸는 대로 성장한다고 믿어요. 스스로 성공한 부자를 만나 이야기를 듣고 그들이 이룬 부의 증거인 재산을 평가하면서, 저 자신의 성공에 대한 상상력을 발휘하기도 합니다. 또한 현장조사가 많기에 날씨 좋은 봄날, 가을날, 청량한 초여름에 차를 타고 이동하는 것 자체가 힐링으로 다가올 때가 있어요. 업무 초기에는 일하러 간 전국 각지에서 특산품을 사는 재미가 쏠쏠했죠. 사람도 많이 만나고 전국 각지로 여행도 많이 다니기에 외향적인 성향이라면 더없이 좋은 직업이에요.

| 톡(Talk)!
| **김아인**

| 좋은 점 |
유연하게 업무시간을 조정할 수 있어요.

　내 시간을 유연하게 쓸 수 있죠. 예를 들면 출장 일정을 조정할 수도 있고, 내일 쉬더라도 오늘 야근해서 감정평가서를 작성하기도 하죠.

| 좋은 점 |
경제적으로 안정적이고 정년이 없어요.

장점1. 국가에서 법으로 최소한의 생활을 할 수 있는 업무를 자동으로 배정해주기 때문에 안정적인 점이 있죠. 또한, 본인의 능력에 따라 월급이 정해지는 보상시스템이 마음에 들어요.

장점2. 다양한 업무영역으로 진출할 수 있답니다. 감정평가사 시험에 합격하면 일반적으로 감정평가법인에 취업하여 경력을 쌓는 게 일반적이지만, 그 외에도 각종 공사나 금융권, 건설사, 일반기업에서 감정평가사를 상당수 채용하고 있어요.

장점3. 출장업무가 잦아서 상대적으로 자유롭게 일할 수 있어요. 제가 이 직업을 선택한 중요한 이유이기도 합니다. 사무실에만 틀어박혀서 업무를 하는 것보단 다양한 지역과 다양한 사람을 만나는 일이 제 적성에 맞거든요.

장점4. 여타 전문자격사와 마찬가지로 정해진 정년이 없죠. 따라서 본인의 건강만 허락된다면 노후에도 계속 일할 수 있어요.

| 좋은 점 |
비교적 자유롭고 업무와 여행을 병행할 수도 있어요.

업무시간이 비교적 자유롭고 건당 보수는 여타 자격사보다 큰 편은 아니지만, 꾸준히 업무가 들어오는 편이에요. 협회나 법원 등에서 업무 배정을 고정적으로 해주는 것이 있어 개인영업 없이 기본적인 생활은 가능하답니다. 현장조사 등을 위해 전국을 다니기 때문에 여행을 좋아하게 되면 업무와 취미생활을 병행할 수도 있고요.

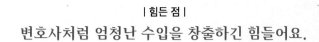

톡(Talk)!
이상용

| 힘든 점 |
변호사처럼 엄청난 수입을 창출하긴 힘들어요.

단점은 별로 없습니다. 군이 찾는다면, 변호사는 승소하면 성공보수로 엄청난 대가를 받을 기회가 있으나, 감정평가사는 법정수수료만을 받기에 초고소득자가 되기는 어려운 구조죠.

톡(Talk)!
박재우

| 힘든 점 |
좁은 업무영역에 과도한 감정평가사의 유입이
걱정되기도 합니다.

글쎄요. 군이 단점을 꼽자면 좁은 업무영역을 들 수 있겠네요. 감정평가 대상이 주로 부동산이거든요. 감정평가사 수는 매년 증가하고 부동산은 한정적이어서, 업계가 점점 포화상태가 되어가고 있죠. 물론 감정평가사는 부동산뿐만 아니라 대한민국에 존재하는 모든 유형자산과 눈에 보이지 않는 영업권, 특허권, 권리금평가 등 무형자산도 평가할 수 있어요. 어쩌면 좁은 업무영역은 아직 개척할 여지가 많다는 뜻일 수도 있겠네요.

| 힘든 점 |

소송당사자들의 거친 언행과 야간업무가 괴로울 때가 있죠.

보상을 받는 피수용자나 재산분할로 다투고 있는 소송당사자들이 분노를 쏟아내면서 감정적인 언행을 보이거나 현장조사에 비협조하며 공격적인 태도로 일관할 때 온전히 일에 집중하기가 어려워져요. 업무의 특성상 화가 난 사람을 상대하는 경우가 잦은데 문제해결의 핵심을 비껴간 감정 소모가 많을 때 심신이 지치기도 하죠. 또한 너무 춥거나 덥거나 눈비 오는 궂은 날씨 때문에 현장조사 나가서 고생하는 때도 있고, 지방 출장 중에 갑작스러운 차량 고장으로 일정이 꼬인 때도 있었어요. 일출 후 일몰 전 부동산 현장조사를 해야 하기에 막상 보고서 작성은 야간에 하는 경우도 많고요. 보고서 작성, 숫자·서류 확인, 도면작업이 많아서 건강관리도 잘해야 합니다.

| 힘든 점 |

업무량과 업무 배정 시기가 일정치 않아요.

감정평가서에 관한 결과의 책임이나 파급효과가 생각보다 크답니다. 또한 업무의 양이나 업무 배정 시기가 불규칙하거든요. 그래서 일이 한꺼번에 몰리는 때가 많아서 장기적으로 여행을 가거나 사무실을 비워놓고 움직이기가 쉽지 않아요.

| 힘든 점 |
잦은 출장과 보상시스템이 불만일 수 있어요.

돌아다니는 것을 싫어하면 일이 힘들 수 있어요. 대략 일주일에 3번 정도의 출장을 다니거든요. 그리고 내가 한 만큼 받는 보상시스템이 오히려 걸림돌이 될 수도 있고요.

| 힘든 점 |
사회생활 초년생에겐 어려운 일일 수 있죠.

20대 중반의 젊은 여자가 감정평가사로서 일하는 건 쉽지만은 않아요. 부동산이라는 것 자체가 종합적인 경제활동을 내포하는 분야이기 때문에 사회생활 초년생이 그 업무를 전반적으로 이해하는 데는 분명 한계가 있어요. 아마도 40대 이상의 사회 경험이 풍부한 분들이 자격시험에 도전하시는 이유도 여기에 있을 겁니다. 나이가 들고, 가정생활을 꾸려보고, 여러 가지 개인적인 투자활동도 하면서 감정평가에 대한 업무 이해도가 깊어지거든요. 업무 특성상 다른 일보다 나이와 업무능력의 상관관계가 크다고 할 수 있겠네요.

감정평가사의 종사현황

◆ 감정평가사 직업 전망

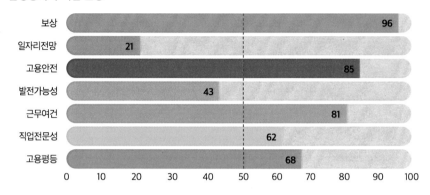

- 감정평가사가 포함된 감정평가 전문가는 희소성 있는 직종으로 다른 직업에 비해 임금과 복리후생이 매우 높은 편이다.
- 일자리 창출과 성장이 제한적이나 취업 경쟁이 심하지 않은 편이다.
- 정규고용 정도가 높으며, 고용안정의 수준도 높다.
- 근무시간이 짧으나 불규칙적이며, 근무 환경이 좋다. 육체적 스트레스는 거의 없으며 정신적 스트레스는 평균에서 크게 벗어나지 않는 수준이었다.
- 업무 자율성과 업무 권한이 높다. 사회적 평판, 소명 의식도 높은 편이다.
- 양성평등의 수준은 평균보다 높았고, 고령자 친화성도 높은 것으로 나타났다.

워크넷 기준 감정평가전문가 연봉

2019년 감정평가전문가의 연봉은 하위(25%)연봉 5,835만 원, 중위(50%)연봉 6,804만 원, 상위(25%)연봉 8,948만 원이다. 통계청에 따른 감정평가전문가의 연봉은 하위(25%)연봉 3,300만 원, 중위(50%)연봉 4,800만 원, 상위(25%)연봉 6,180만 원이다.

2019년 기준 워크넷에 따른 감정평가전문가의 중위연봉과 하위연봉의 차이는 969만 원이다. 상위연봉과 중위연봉의 차이는 2,144만 원이다.

출처: 워크넷 직업정보

CHAPTER

| 2 |

감정평가사의

생생
경험담

미리 보는 감정평가사들의 커리어패스

이상용 감정평가사 　　　고려대학교 심리학과 졸업 한화증권 근무

박효정 감정평가사 　　　강남대학교 부동산학과 졸업
(법학 복수전공) 제21회 감정평가사 합격,
제5회 행정사 합격

최성준 감정평가사 　　　연세대학교 행정학과 졸업 부동산 경매 관련 업무,
제20회 감정평가사 합격

안유라 감정평가사 　　　연세대학교 주거환경학과/
경영학과 복수전공 제20회 감정평가사 합격

박재우 감정평가사 　　　계명대학교 경영학과 졸업 제18회 감정평가사 합격,
제18회 공인중개사 합격

김아인 감정평가사 　　　서강대 경영학과 졸업 삼성엔지니어링 근무

> 제23회 감정평가사 합격

> 현) 삼일감정평가법인 무형자산사업본부 본부장

> 삼성감정평가법인 근무,
> 태평양감정평가법인 근무,
> 대한감정평가법인 근무

> 현) 로안감정평가사사무소,
> 토지보상행정사사무소 대표

> 대한감정평가법인

> 현) 화신감정평가사사무소
> 대표 감정평가사

> 태평양감정평가법인 본사 근무,
> 쿠시먼앤드웨이크필드 근무

> 현) AYR감정평가사사무소 대표

> 대화감정평가법인 근무,
> 삼창감정평가법인 근무

> 현) 리랩스(Re:LABs) 감정평가사 사무소
> & 공인중개사 사무소 운영

> 제30회 감정평가사 합격

> 현) 나라감정평가법인 감정평가사

서울에서 출생하여 초중고와 대학교를 모두 서울에서 마쳤다. 고려대학교에서 심리학을 전공하였으나, 현재의 감정평가사라는 직업과는 관련성이 전혀 없다. 대학을 졸업하고 금융업계에 진출하고자 증권회사에 취직하였다. 1996년 입사 당시에 증권회사들이 경영학과 등 상경 계열을 중심으로 신입사원을 뽑던 시절이어서 재직 인원 1천여 명 중에 홀로 심리학 전공자였다. 그 당시엔 외국인에게 금융시장이 개방되면서 미국 등 금융 선진국의 인재 선발 과정을 벤치마킹하여 다양한 분야의 전공자를 선발하던 초창기였다. 그러나 그리 오래지 않아 증권업이 적성에 맞지 않음을 깨닫고 퇴사를 결심하게 되었다. 우연한 기회에 지인이 감정평가사란 직업의 장점(전망, 소득, 시험과목 등)을 소개해 주면서 수험계로 입문하여 현재에 이르게 되었다

무형자산 감정평가 전문
이상용 감정평가사

현) 삼일감정평가법인(서울 본사) 무형자산사업본부 본부장
• 한국자산관리공사(KAMCO) 인재개발원 교수 역임
• 서울 교총 자문위원 역임
• 제23회 감정평가사 합격
• 한화증권 근무
• 고려대학교 문과대학 심리학과 졸업(서울)
• 서울 서라벌고등학교 졸업

인스타그램 ID : sangyong7478
유튜브 채널 : 이상용 감정평가사

감정평가사의 스케줄

이상용
감정평가사의
하루

24:00 ~
▶ 취침

07:00 ~ 09:00
▶ 기상 및 아침 운동
(스크린 골프)

18:00 ~ 20:00
▶ 야근
20:00 ~ 24:00
▶ 저녁 및 휴식

09:00 ~ 12:00
▶ 기업체 방문 (오전)

13:00 ~ 16:00
▶ 기업체 방문 (오후)
16:00 ~ 18:00
▶ 사무실 복귀

12:00 ~ 13:00
▶ 점심 식사

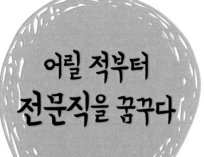

어릴 적부터
전문직을 꿈꾸다

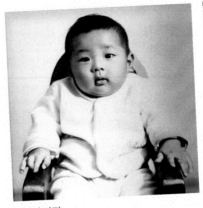

▶ 백일 사진

▶ 유년 시절

▶ 중학교 시절

어릴 적 장래 희망은 무엇이었나요?

저는 어릴 적부터 막연하게 자격증이 있는 전문직에 종사하고 싶었습니다. 다만, 전문 직의 세계를 모르다 보니 대학교 졸업할 때까지 도전을 못 하고 희망 사항에 머물러 있 었습니다. 대학 졸업 후 증권회사에 취업했으나 적성에 맞지 않아 퇴사하고 우연한 기회 에 지인의 소개로 감정평가사 시험에 본격 도전하게 되었습니다.

Question 학창 시절의 성향이 지금 하시는 일에 어떤 영향을 끼쳤나요?

사람은 선천(nature)적 요인과 후천(nurture)적 요인의 영향을 받으면서 성장한다고 봅 니다. 저의 선천(nature)적 요인으로 비교적 타인과 차별화될 수 있는 특성 한 가지를 꼽 는다면 '풍부한 상상력'을 뽑고 싶네요. 어릴 때부터 생각과 사유의 시간을 많이 가졌던 거 같아요. 당시에는 스스로 이를 잡생각, 잡념, 공상 정도로 깎아내리기도 했죠. 말 그대 로, 그런 생각을 한다고 학교 성적이 올라가는 것도 아니고, 밥을 먹여주는 것도 아니었 습니다. 하지만 현재 감정평가사라는 전문직에 종사하면서, 그러한 성향이 국내외 시장 경제를 다양한 관점과 시각에서 바라볼 수 있게 해주는 것 같아요. 또한 '내일은 어떤 새 로운 일을 도전해 볼까?'라는 일상에서의 도전 목표를 설정하는 데 도움이 됩니다. 풍부 한 경험뿐만 아니라 다양한 생각과 사유를 통해 청소년기를 보낸다면 어른이 되어서 성 숙한 면모를 보일 거예요.

후천적으로 개발되었던 특성은 무엇인가요?

지금의 저를 만든 후천(nurture)적인 특성으로 '극기와 노력'을 꼽고 싶어요. 제 과거를 돌아보면 수많은 시험의 연속이었다고 생각됩니다. 우리나라에서 살아가는 모든 초중고대 학생들이 마찬가지일 거예요. 초등학교 시절의 쪽지 시험에서부터 진단고사, 중간고사, 기말고사, 모의고사, 수행평가, 대입 수능, 취직시험, 입사 면접(실무자 면접, 영어면접, 임원면접), 감정평가사 시험(1차, 2차)에 이르기까지 수많은 시험 속에 파묻혀 살아왔답니다. 누군가는 피할 수 없다면 즐기라고 말을 하지만, 즐기지는 못한 채 아쉽게도 자기를 이기는 노력으로 현재에 이르렀다는 생각이 드네요.

Question 감정평가사가 되기 위해서 어떻게 준비해야 할까요?

요새는 감정평가사가 되기 위해 어디서, 얼마나 공부하는지 모르겠지만, 예전에는 대부분 신림동 고시촌에 거주하면서 고시학원에 다니고 공학용 계산기 사용이 가능한 독서실에서 공부했었죠. 제가 공부할 때는 선발인원이 적어서 사법고시보다 합격하기 어렵다는 얘기를 많이 들었답니다. 짧게는 2년, 길게는 10년 이상을 공부해 합격한 분들을 실제로 봤어요. 노력해도 안 돼서 수험계를 떠나는 친구들도 많이 있었고요. 얄미운 친구에게 감정평가사 도전을 권하라는 웃픈 얘기도 있었으니까요. 요즘은 합격에 걸리는 기간이 예전보다 짧아졌다는 평가가 있으니, 수험계 입문 시기에 평균 수험기간 등 정보를 알아보는 것이 필요할 겁니다.

감정평가사에 합격하기 위해서 꼭 필요한 TIP을 알려주세요

　감정평가사가 되기 위해서는 수리력, 필력(글을 쓰는 능력), 리걸 마인드(legal mind), 암기력, 계산기 사용 능력이 필요하다고 생각해요. 시험과목을 보면, 계산 문제가 상당히 많아서 수리력을 기반으로 공학용 계산기를 능숙히 사용할 수 있어야 해결이 쉽거든요. 어떠한 논제가 제시되더라도 서론, 본론, 결론의 순차적 흐름에 따라 논리적인 답안을 작성할 줄 알아야 합니다. 아울러 다수의 법률 과목(민법, 행정법, 보상법 등)을 공부해야 하기에 리걸 마인드로 법전을 암기하고 사안에 접근하여야 문제를 해결할 수 있답니다. 감정평가사 시험과목(1차, 2차)을 보면 기본적으로 경영학과, 경제학과, 법학과, 부동산학과 전공자들에게 유리하지만 절대적이지는 않답니다. 저는 심리학을 전공하였기에 유리한 과목이 한 과목도 없어 마음고생이 적지 않았죠. 실제 합격생들의 전공을 보게 되면, 상기 4개 학과 이외의 전공자도 많고 이공계 출신도 적지 않습니다.

　* 리걸 마인드(legal mind): 법학 교육을 통해 잘 훈련된 법률가가 문제 된 사안에 접근하는 차별화된 사고방식을 이르는 말

전국을 누비며
평가하다

▶ 대학졸업 사진

▶ 감정평가사 합격환영회(고려대)

▶ 합격동기 연수교육

현재 하시고 계신 일에 대한 설명을 부탁드립니다.

저는 대형법인(공시전문평가법인)인 <삼일감정평가법인>에서 '무형자산사업본부 본부장'을 맡고 있습니다. 2015년에 국내 최초로 감정평가법인 내에 무형자산사업본부를 신설하여 지금까지 초대 본부장을 맡고 있죠. 무형자산은 저작권, 특허권, 실용신안권, 디자인권, 상표권, 영업권 등 눈에 보이지 않는 자산을 말해요. 반대로 유형자산은 눈에 보이는 자산으로 부동산, 선박, 항공기, 자동차, 기계 기구 등을 예로 들 수 있고요. 과거에는 주로 유형자산을 감정평가의 대상으로 삼았으나, 현재는 무형자산의 평가 비중이 점차 증가하고 있답니다.

Question **감정평가사는 어떤 식으로 일하고, 어떤 식으로 평가를 하나요?**

감정평가사는 평가대상이 유형자산이든 무형자산이든 간에 대상 물건의 확인 차원에서 출장을 필수적으로 가야 합니다. 산에 올라갈 수도 있고, 섬에 들어갈 수도 있고, 공장을 평가할 수도 있고, 남의 가정집을 방문할 수도 있고, 군부대를 평가할 수도 있고, 수백 채의 아파트를 평가할 수도 있고, 골프장을 평가할 수도 있고, 기업을 평가할 수도 있고, 주식을 평가할 수도 있고, 로고(상표권)를 평가할 수도 있고, 노래(저작권)를 평가할 수도 있고, KTX를 타고 갈 수도 있고, 배나 비행기를 타고 갈 수도 있습니다. 기본적으로 전국을 대상으로 출장을 다니다 보니, 지리적인 감각이 뛰어날 수밖에 없으며 자동차 운전은 필수겠죠?

▶ 평가현장(공장)

▶ 평가현장(재개발,서울)

감정평가사의 연봉은 대략 어느 정도인가요?

　　정확한 통계는 없습니다만, 경험적으로 감정평가사들의 소득수준은 대체로 연봉 5,000만 원에서 2억 원 사이에 몰려 있다고 보고 있어요. 언제부터 일했는지, 근무하는 법인이 어디인지, 주력 평가 분야가 무엇인지 등에 따라 달라질 수는 있겠죠. 연봉 2억 원을 넘는 분들도 있겠지만, 전체(약 4,300여 명)에서 차지하는 비율은 높지 않을 겁니다. 또한 여성이라는 이유로 결코 연봉이 낮지 않아요. 다만, 활동적인 성격이 아니라면 의뢰처(거래처) 확보에 어려움이 있을 수도 있어요. 대인관계가 원만하고 사람과의 친화력을 갖추면 일하는 게 훨씬 수월할 거예요.

감정평가사의 근무 여건이 궁금합니다.

　　감정평가사의 장점 중 하나는 근무 형태가 비교적 유연하다는 점입니다. 일반 직장인들과 달리, 출퇴근 시간 조절이 가능하죠. 예를 들어, 밤새워 일했다면 아침에 퇴근해서 낮에 잠을 잘 수도 있어요. 업무를 자율적으로 조절할 수 있는 시스템이 갖추어져 있죠. 저의 경우, 업무량이 많을 때는 1년 중에 명절 당일을 제외하고는 매일 출근하기도 합니다. 반면에 일이 한가한 시즌에는 평일에도 여행을 갈 수 있어요. 전문직은 본인 자체가 걸어 다니는 중소기업과도 같기에, 사측에 주 52시간 근무를 주장하거나 요청하는 경우는 드뭅니다. 저는 의뢰되는 업무량에 따라 일과가 유동적이에요. 새벽에 밤을 새워 일하기도 하고, 평일 낮에 골프를 치기도 하고, 출근 대신 집에서 원격으로 업무를 보기도 하고, 주말 저녁에 회사로 출근해서 업무를 보기도 하고, 평일 오전 10시에 출근해 정오에 퇴근하기도 하죠.

지금까지 수행했던 프로젝트 중에서 가장 기억에 남는 것은 무엇인가요?

추억과 같은 에피소드 하나가 있어요. 감정평가사 합격한 지 1년 즈음 됐을 때, 눈 내리는 한겨울에 논·밭·임야를 평가하기 위해 처음으로 섬에 들어갔었죠. 인천 강화군의 '교동도'라는 섬에 들어가려고 서울에서 이른 아침에 출발했어요. 도착한 선착장에서 승선권을 사려고 하니, 낮 1~2시경에 막배가 있고 입도 후에 당일 육지로 나올 수 없다는 안내원의 말을 들었답니다. 아무 생각 없이, 당일치기로 현장 조사 후 배를 타고 나오려고 했으나, 썰물로 인해 오후에는 운항하지 않는다는 사실을 알게 됐죠. 몹시 당황스러웠어요. 일단 집에 이 사실을 알리고, 차를 배에 싣고, 논·밭·임야를 찾아 현장 조사를 모두 마쳤어요. 차에서 쪽잠을 청하고, 이튿날 아침에 배를 타고 섬에서 나온 경험이 있습니다. 교동도에서 엄청난 철새 떼를 혼자서 보기도 하고, 목줄 없는 큰 개가 나를 향해 돌진해 오는 아찔한 경험도 했죠. 물건지를 찾아 산을 오르내리며 마주한 수많은 묘지에 오금 저리던 기억도 납니다. 새벽에 히터 켜고 자고 있는데, 이상한 차량으로 오해받아서 섬 주민한테 신분 확인을 요청받았던 기억도 생생하고요.

감정평가사는
경제 판사

무형자산 감정평가(특허권, 영업권, 상표권, 저작권,
디자인권 등) 기업체 특강1 (이상용 감정평가사)
이상용 감정평가사 · 조회수 1.6천회 · 1년 전

▶ 기업체 특강

▶ 한국감정평가사협회 조찬세미나

▶ 공기업 강의(한국자산관리공사)

감정평가사는 전문직입니다. 말로만 전문직이 아니라, 의뢰인이 의뢰한 평가대상 물건을 정확히 파악하고 그와 관련된 가치평가 문제를 전문적인 지식으로 해결할 수 있는 능력이 있어야 하거든요. 더 나아가 다른 감정평가사와 차별화될 수 있는 특화된 지식이 있어야 합니다. 예를 들어, 비행기에 특화된 감정평가사, 선박에 특화된 감정평가사, 동물에 특화된 감정평가사, 무기에 특화된 감정평가사, 지식재산권에 특화된 감정평가사, 메타버스에 특화된 감정평가사, S/W에 특화된 감정평가사 등 자기만의 전문영역을 집중적으로 개발하여 시장에 알려진다면 돈과 명예를 모두 얻을 수 있겠죠. 마치 변호사 중에 교통사고 전문 변호사가 있듯이.

Question 감정평가사에 대한 오해와 진실이 있다면 무엇인가요?

과거에 감정평가사가 돼서 사적 모임에 나가면 '사람의 감정을 평가하는 것이냐?', '나의 심리상태가 어떤지 평가할 수 있냐?', '감정노동자의 그 감정이냐?', '병아리감별사랑 다른 거냐?' 등의 난감한 질문을 받을 정도로 직업에 대한 인지도가 낮았었죠. 아마도 과거에 인지도가 낮았던 이유는, 감정평가 의뢰인이 대체로 기업이나 정부였기에 일반인들에겐 노출이 덜된 직업군이었기 때문일 거예요. 최근에는 전국적으로 재개발·재건축이 활발해지고, 한국감정평가사협회 차원에서 라디오 광고 등을 집행하고 있어서 인지도가 매우 높아지고 있어요.

Question 앞으로 삶의 계획은 무엇인가요?

　세상은 끊임없이 변화하잖아요. 변화를 거부하거나 적응하지 못하면 곧 추락하게 되죠. 그렇게 되지 않기 위해서는 변화의 트렌드를 잘 파악하고 변신하기 위해 부단히 노력하려고 해요. 지금도 끊임없이 변화하기 위해 노력 중이며, 국내 최고의 <무형자산 전문 감정평가사>로 남기 위해 용왕매진(勇往邁進)할 것입니다.

　* 용왕매진(勇往邁進): 거리낌 없이 힘차고 용감하게 똑바로 나아가기만 함.

Question 직업으로서 감정평가사의 매력을 설명해 주시겠어요?

　감정평가사는 가치를 평가하는 국가 공인 자격자예요. 정부나 기업 등의 의뢰를 받고 공정하고 객관적인 가치를 평가한다는 것은 흡사 경제 분야에서의 판사와도 같죠. 실제로 법원의 판사님들도 소송과 관련되어 토지 등의 가치를 정확히 파악해야 할 경우, 감정평가사에게 가치평가를 의뢰하고 있답니다. 즉, 감정평가사는 '경제 판사'입니다. 일상생활에서는, 의뢰된 물건을 평가하기 위해 전국을 투어(tour)할 수 있다는 장점이 있고요. 저는 매년 제주도를 제외한 전국을 업무상 빈번하게 출장 다닙니다. 제주도에는 기업체가 상대적으로 적어, 무형자산 감정평가 업무가 의뢰되는 경우가 드물어요. 전국이 일일생활권이라서 현지에서 숙박하지 않고도 당일로 출장을 마무리할 수 있죠. 아울러, 정년이 없어 평생 감정평가사로 활동할 수 있답니다. 보통 직장인은 퇴사하면 이름 옆에 있는 직함이 사라지지만, 감정평가사는 생을 다할 때까지 이름 옆에 감정평가사라는 타이틀이 따라다닙니다. 감정평가사라는 전문직에 대한 사회적 위치나 인지도도 점점 높아지고 있어서 자긍심도 높고요.

진로를 고민하는 청소년들에게 조언 한 말씀 부탁드립니다.

목표가 분명하지 않으면 자기 주도적으로 전력 질주를 할 수 없어요. 오히려 목표가 분명하지 않은데 전력 질주를 하게 되면 엉뚱한 곳에 도달하기도 하죠. 그래서 자기의 목표를 명확히 해야 합니다. 심리검사, 상담, 직업체험 등을 통해서 본인의 적성이 무엇인지 정확히 파악하고, 적성에 맞게 목표를 설정하는 게 중요하다고 봐요. 직업의 세계에 관한 책도 많이 읽고 멘토를 찾아가 상담받는 것도 추천해요. 부모님과 대화도 많이 하고, 유튜브 등을 통해 정보를 얻어서 확신이 오는 목표를 설정하고 자기 주도적으로 전력 질주를 하기 바랍니다. 그리고 큰 사람이 되기 위해서는 일단 생각과 행동이 커야 합니다. 글씨도 크게 쓰고, 그림도 크게 그리고, 보폭도 크게 하고, 길도 큰길로 다니고, 목소리도 크게 하고, 함성도 크게 지르고, 손뼉도 크게 치고, 밥도 큰 그릇에 먹고, 칭찬도 배려도 크게 하고, 통 큰 기부도 하고, 꿈도 크게 갖고, 사랑도 아낌없이 크게 하고, 선물도 큰 거 하고, 여행도 큰 나라 가세요. 크게 생각하고 행동하다 보면, 나중에 소위 인기 있는 셀럽(celebrity) 등 큰 인물이 되어 있을 겁니다. 우리 모두 빅(Big)하자!

고등학생 때 알게 된 감정평가사. 부동산의 가치를 숫자로 표현하고, 전국으로 출장 다니는 자유로운 업무환경에 고소득이라는 직업의 매력에 빠져 감정평가사가 되기 위해 부동산학과에 진학했다. 대학교 2학년까지 시험과 관련도 높은 전공수업을 듣고, 휴학하여 당시 서울 신림동 고시촌에 들어가 몰입하며 시험 준비한 지 3년 만에 합격해 졸업 전에 감정평가사로 취업할 수 있었다. 대형감정평가법인에서 약 5년간 근무하고, 소형감정평가법인에서 약 1년 6개월 근무 후에 특화된 전문분야에서 활동하기 위해 감정평가사사무소를 개업하였다. 감정평가사 업무 7년 차에 보상행정 분야의 특화를 위해 행정사 자격증을 추가로 취득해 보상전문 행정사사무소를 개소하여 함께 운영하고 있다. 재개발·재건축, 공익사업 보상, 소송(재산분할, 매도청구소송, 부당이득반환청구 등), 상속·증여세 절세 등 가격 분쟁 분야를 전문으로 활동한다. 저서로는 「당신의 부동산 가격을 결정하는 감정평가사 사용법」과 공저로 출간한 「난생처음 재개발·재건축」이 있다.

- -

소송 전문 감정평가사·보상금증액 전문 행정사
박효정 감정평가사

현) 로안감정평가사사무소, 토지보상행정사사무소 대표
현) 법무법인 센트로 자문 감정평가사
현) 법무부 법사랑 기흥지구협의회 위원
현) 한국감정평가사사무소협의회 이사
현) 안성시 공유재산심의회 위원
현) 수원지방법원 소송, 경매감정인
현) 한국자산관리공사 공매감정인
현) 머니투데이 칼럼니스트

- 대한감정평가법인 근무, 태평양감정평가법인 근무,
  삼성감정평가법인 근무
- 2017. 제5회 행정사 합격, 2010. 제21회 감정평가사 합격
- 강남대학교 부동산학과 졸업, 잠실여자고등학교 졸업
- 저서: 감정평가사 사용법, 난생처음 재개발·재건축
- 네이버블로그: 로안감정

감정평가사의 스케줄

박효정 감정평가사의 하루

*감정평가사의 일과는 현장 출장이 있는 날과 없는 날로 구분됩니다. 현장 출장이 있는 날도 지방 출장 여부에 따라 일과 변동이 있어요. 장거리 지방 출장의 경우 새벽부터 현장 조사를 나가서 늦은 밤에 귀가하기도 하고, 혹은 지방에서 며칠간 머무르기도 합니다. 또한 부동산 현황을 조사해야 하는 직업의 특성상, 일출 후 일몰 전에 현장 조사를 마치고 야간에 보고서를 작성하는 일도 많습니다. 아래 일과표는 현장 출장이 없거나, 있어도 가까운 곳이어서 사무실에 다시 복귀하는 경우, 그리고 야근이 없는 날의 일과입니다.

07:15 ~ 09:00
▶ 기상
▶ 자녀 등교
▶ 출근

09:00 ~ 11:30
회사 이메일 확인 및 감정평가서 작성, 자문·상담, 회의
11:30 ~ 12:20
▶ 운동(필라테스)

12:20 ~ 13:00
▶ 점심 식사

13:00 ~ 16:30
현장 출장 or 감정평가서 작성
16:30 ~ 18:30
감정평가서 심사, 자문·상담, 회의

19:00 ~ 20:00
▶ 가족과 저녁
20:00 ~ 21:30
▶ 자녀와 책 읽기, 그림그리기, 종이접기 등 가족과 오락 시간

21:30 ~ 22:00
▶ 자녀 취침 준비
22:00 ~ 24:00
▶ 블로그 포스팅, 독서
24:00 ~
▶ 취침

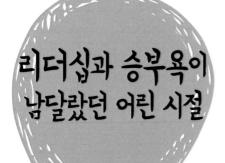

리더십과 승부욕이
남달랐던 어린 시절

▶ 유치원 시절

▶ [백설공주] 공연에서 계모(왕비) 역할로 활약

▶ 외삼촌의 학사모를 쓰고 놀던 유년기

Question 어린 시절에 어떤 분이셨나요?

주도적인 기질과 적극적이고 외향적인 성품에 승부욕이 강했어요. 리더십이 있어 초등학생 내내 반장·부반장을 했었지요. 명랑하고 똘똘한 학생이었고, 학급에서 가장 키가 크고 체력이 좋았죠. 성적도 아주 우수했습니다. 친구들 사이에서 인기도 좋았어요. 반에서 피구 시합을 하던 날, 팀을 꾸리면서 저를 영입하려던 애들이 서로 제 팔을 잡아당겨서 체육복이 찢어진 적도 있었답니다. 승부욕에 관한 일화가 있어요. 초등학교 시절 저는 특별히 스포츠에 관심이 있진 않았거든요. 그런데 반 단위로 진행된 장거리 육상 시합에서 지기 싫은 마음에 토너먼트 대회에서 자꾸 1등을 하다가 결국 학교 대표 육상 선수로 선발되고 말았답니다. 당시에 숨이 턱까지 차는 장거리 육상은 생각하는 것만으로도 진저리 칠만큼 싫었었죠. 하지만 시합만 시작되면 발동되는 승부욕 때문에 계속 이기게 되더라고요. 점점 더 큰 대회에 출전하게 돼서 괴로웠던 경험이 있어요.

Question 학창 시절에 어떤 분야에 관심이 많았나요?

책에 가장 관심이 많았어요. 과목으로는 문학과 영어를 좋아했죠. 특히 글쓰기를 좋아했고, 크고 작은 대회에서 여러 번 입상했죠. 독서량이 많은 편이었는데 초등학생 때는 매일 혼자서 동네에 있는 어린이 도서관에 들렀었죠. 거기에 있는 모든 책을 분야에 상관없이 닥치는 대로 읽었어요. 책을 좋아해서 막연히 '작가의 삶'을 꿈꾸기도 했답니다. 학창 시절에 읽었던 과학상식이나 위인전, 역사 지식 등이 인생의 큰 자양분이 됐죠.

Question ## 학창 시절에 위기나 힘들었던 경험은 없으신가요?

학업 성적은 계속 우수했었는데 고등학교 때 부모님의 이혼으로 가정환경이 매우 불안정해졌어요. 통학 거리가 편도 1시간 이상 걸리는 곳으로 이사하게 됐고, 변화한 환경과 정서적인 고통으로 괴로웠던 시기였죠. 입시 준비를 제대로 하지 못했고 성적이 떨어지기 시작했어요. 설상가상으로 고3 때는 허리 디스크 수술을 하면서 수능을 한 달 정도 남기고 2주 이상 병원에 누워있어야 했고요. 끝도 없는 나락으로 빠지는 것 같았어요. 대학 입시가 전부였던 그때, 연속으로 닥친 일련의 사건들을 겪으며 낙오자가 된 느낌, 인생이 끝난 것 같은 기분이었답니다. 굉장한 좌절감이 들던 때였어요.

Question ## 학창 시절에 특별히 꿈꿨던 장래 희망은 무엇이었나요?

독서와 작문을 좋아해서 작가를 꿈꾸기도 했고, 기자나 법조인이 되고 싶기도 했어요. 중학생 때 처음 접한 <바람의 딸 걸어서 지구 세 바퀴 반> 시리즈를 읽으면서 여행가의 삶을 동경하기도 했고 의사가 되길 희망하기도 했죠. 하고 싶은 일이 많았던 학창 시절에는 희망 직업이 자주 바뀌었어요. '내가 정말 좋아하는 것이 뭘까? 나는 어떤 일을 하면 행복할까?'라는 '나'에 관한 연구와 이해가 동반된 변덕이었던 것 같아요. 여러 가지 직업을 구체적으로 꿈꾸며 상상할 수 있었던 것은 아마도 책을 통해 다양한 분야를 접했기 때문이에요. 나는 한 명이지만, 다양한 모습으로 존재할 수 있다는 것을 믿고 여러 가지 재주를 개발하는 데 흥미를 느끼면서 나에 대한 가능성과 믿음, 긍정적 사고에 많은 도움이 됐죠. 어머니는 교육열이 높아서 경제적으로 허용하는 범위에서 최대한 배울 수 있도록 해주었습니다. 아낌없이 지원하되, 학업성취나 진로 선택에 있어서는 자녀들의 자율성을 존중하는 분이었어요.

Question 외삼촌께서 감정평가사를 소개하신 이유가 무엇일까요?

당시 외삼촌은 건설회사 법무팀에 재직 중이었는데 업무상 감정평가를 접하며 괜찮은 직업이라는 인식을 하게 되었나 봐요. 외삼촌은 부동산 투자에도 관심이 많았는데 주말에 종종 함께 임장활동(臨場活動)을 가서 관심 있는 부동산의 전반적인 입지와 개별 상황을 파악한 후에 주변에서 맛있는 것을 먹었던 기억이 나네요. 제가 대학 진학을 앞두고 진로를 깊게 고민하던 시기에 어렸을 때부터 가깝게 지내며 신뢰하던 외삼촌이 이 직업을 소개해줬던 거예요. 실제로 직업에 관한 조사를 해보니 업무 성격이 제 성향과 잘 맞고 흥미롭기도 했죠.

*임장활동: 부동산의 이용 실태를 알아보기 위하여 부동산이 있는 현장에 직접 가 보는 활동

Question 목표가 확실했던 거 같은데 대학 생활은 어떠셨나요?

애초에 감정평가사가 되고자 하는 목표로 전공을 선택하여 진학했기에 감정평가사 시험과목 위주로 수강했어요. 신입생 때부터 교양수업보다는 공격적으로 전공과목을 이수했고요. 2학년 2학기까지 감정평가사 시험과 겹치거나 유사한 과목을 모두 수강한 후에 휴학했죠. 그리고 본격적으로 시험 준비를 했답니다. 당시 친하게 지냈던 동기들에게 같이 시험 준비를 하자고 열심히 꼬드겼는데 아무도 넘어오지 않아서 별수 없이 나 홀로 고시촌에 입성했어요.

대학 시절 감정평가사에 도움이 될 만한 활동이 있었나요?

대학생 시절 기억에 남는 아르바이트를 했었지요. 당시(2005~2006년)에는 지금처럼 포털사이트에서 항공사진이나 로드뷰가 잘 갖추어지지 않았던 시절이었어요. 부동산 거래 사이트에서 거래대상 부동산의 현장 사진을 업로드하여 광고하는 수요가 많았죠. 이때 유명 부동산중개, 정보 사이트에서 지역별로 존재하는 아파트 현황 사진(각 동, 아파트 주위 환경, 아파트 입구 등)을 수집하는 아르바이트를 하게 된 겁니다. 제가 살던 경기도 용인에서 자전거를 타고 다니며 온갖 아파트 사진을 찍고 현황을 조사하는 약식 현장조사 업무를 했어요. 감정평가 업무의 현장조사 기초단계를 겪어본 거죠. 아주 재미있고 열정적으로 조사하며 다녔던 기억이 나네요. 돌이켜보면 그 아르바이트를 하면서 아파트의 입지, 사용승인일, 세대수, 인근 편의시설, 교통시설 등을 살펴보는 안목을 키울 수 있었던 거 같아요.

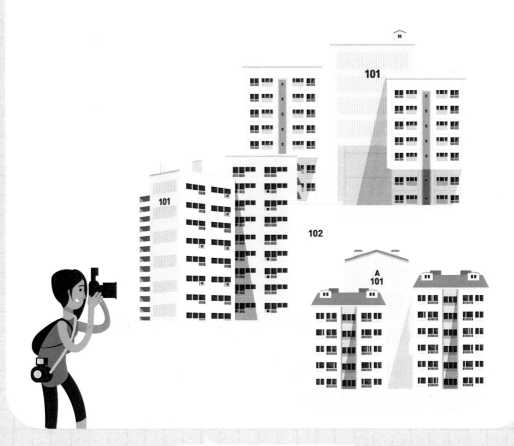

▶ 감정평가사 실무수습 수료식 후 절친한 동기들과

▶ 국내 시사 인물 주간지 1046호
  표지모델/인터뷰

▶ 매일경제 부동산 재테크 전문채널(구독자 약 18만 명)
  매부리TV [감정평가사 사용법 인터뷰]

어린 나이에
감정평가사로
일하다

감정평가사가 되기 위해서 어떻게 준비하셨나요?

개인적으론 부동산학을 전공했던 것이 감정평가사 시험 준비를 위해 매우 도움이 되는 선택이었어요. 감정평가사들은 경영, 경제, 법, 영문학, 컴퓨터공학 등 다양한 전공을 지니고 있어요. 하지만 감정평가사가 되기 위해 꼭 필요한 커리어가 있거나 반드시 수행해야 하는 과정이 있다고 생각하진 않아요. 다만 감정평가사가 되기 위해서는 시험을 봐야 하니까 시험과목을 확인하고 관련 분야를 전공하거나 공부하는 게 분명히 도움이 됩니다. 저는 1차 시험에서 회계학이 매우 낯설었는데, 경영을 전공한 수험생들은 수업을 곧잘 따라가고 문제도 빨리 풀어서 엄청 부러웠거든요.

감정평가사에 합격하신 후 대형감정평가법인에서 근무하셨다고 들었습니다.

네. 26살에 시험합격 후, 대형감정평가법인(우리나라에는 13개의 대형감정평가법인이 있습니다. 이하 '대형법인'이라 말할게요.)에서 첫 직장생활을 시작했어요. 27살에 수습 감정평가사로 입사하여 인생 최초의 직장생활을 하게 된 것인데, 전문가 집단에서는 사회초년생의 고령화가 흔하답니다. 시험공부로 접하던 감정평가와 실전은 달랐어요. 직장생활도 난생처음인데다가 이론으로 알던 평가를 실무에 적용하기 위한 연결 회로가 제대로 작동하지 않는 느낌이었죠. 일 자체도, 야근이 넘치는 회사생활도, 나이 차이가 한참 나는 선배들과의 교류도 어려웠어요. 일단 일은 잘해야 했기에 업무에 관한 오답 노트를 만들어서 빨리 익숙해지려고 노력했습니다. 엄청난 양의 공부를 해야 했답니다. 대형법인에서 약 5년간 근무하면서 정말 다양한 업무를 경험했어요. 회사 내에서 황홀할 정도로 멋지게 일하는 존경스러운 선배들을 만났고, 기꺼이 지식과 경험을 나누어주는 훌륭한 인격을 갖춘 그들 곁에서 많은 걸 배우고 느꼈어요. 축복이었죠. 쏟아지는 업무량과 업무의 다양성, 전국 출장 등으로 힘들었지만, 단연코 업무 초년 시기를 대형법인에서 보낸 것은 큰 행운이었어요.

Question ## 감정평가사로서 첫 업무에 관해 알고 싶습니다.

선하지(고압선 아래의 토지) 보상평가였는데, 평가대상물건의 공적장부 상 지목, 면적 등의 기본적인 사항을 확인하고 목록을 정리하는 간단한 일이었어요. 아울러 A3용지에 출력된 도면을 전달받았는데 당시 의욕이 넘쳐 수십 장이 넘는 도면에 평가대상 토지를 일일이 형광펜으로 표시했었죠. 실컷 색칠하다가 알고 보니, 평가대상을 알아보기 쉽게 이미 선하지 도면에 고압선이 표시되어 있더라고요. 도면 보는 법에 익숙하지 않았기에 불필요하게 색칠 공부를 하고 있었던 셈이죠. 선배 평가사님이 그 업무의 처음부터 끝까지 처리 절차의 각 과정을 세밀하게 지도해주셨어요. 직접 현장에서 도면을 보는 법도 가르쳐 주셨고요. 법인 생활 내내 그분으로부터 많은 걸 배웠는데, 정말 고맙고 존경스러운 분이에요.

Question ## 직접 감정평가회사를 개업하신 사연을 알 수 있을까요?

5년 정도의 직장생활을 거쳐 업무 훈련이 충분히 되면서부터 감정평가사로서의 미래에 대한 고민이 시작됐어요. 과연 남들과 똑같이 일하면서 남들보다 특별한 전문가가 될 수 있을까? 평생을 그저 그런 감정평가사로 살게 되는 건 아닌가? 하는 두려움이었죠. 이때 우연한 기회에 재개발·재건축으로 업계에서 명성을 얻던 법률사무소의 대표 변호사님과 협업을 시작했어요. '감정평가사의 지식'으로 거듭해서 사건의 성공에 이바지하면서 재개발·재건축 분쟁과 부동산 소송(이혼 재산분할, 보상금증액, 부당이득반환청구 등) 영역으로 전문분야 특화를 결심하게 됐죠. 대형법인에 재직하면서 자유롭게 하고 싶은 일을 하는 데 한계가 있었기에 소형법인으로의 이직을 거쳤고, 결국 완전히 제가 원하는 방향으로 특화된 평가회사를 만들기 위해 개업하게 된 겁니다. 현재는 보상금 분쟁 영역에 제대로 된 전문성을 갖춘 감정평가사사무소와 보상행정사사무소의 대표로 대형법인 출신 감정평가사/행정사 및 대형법인 출신 직원들과 보상(소송)분쟁 전문 팀을 구성하여 근무하고 있습니다.

우리 회사는 10년 이상의 경력을 갖춘 감정평가사들이 행정사 자격을 취득하여 실제 보상평가를 할 뿐만 아니라, 보상 감정에 특화된 장점을 살려 토지주 등 이해관계자의 이의신청 절차를 대리하는 행정업무를 전문으로 대리하는 특화된 업체입니다. 주로 하는 일은 신도시, 도로, 공원, 산업단지 등으로 보상받는 토지주 등에게 감정에서 빠지는 항목이 없이, 보상금을 잘 평가 받도록 보상컨설팅을 하죠. 또한 재개발·재건축 및 부동산 소송에서 감정평가 컨설팅, 재감정, 상속·증여세 절세 컨설팅, 시가평가, 사감정에 특화되어 있답니다. 구체적인 업무사례와 감정평가사의 업무 일상 등은 네이버 <로안감정> 블로그에 많이 소개되어 있어요.

Question 재개발·재건축 분쟁과 부동산 소송 전문분야를 선택하신 이유가 있나요?.

'현재 직업'은 분쟁해결 전문 감정평가사 겸 보상전문 행정사입니다. 감정평가사로서 분야를 특화하여 보상행정업무에 뛰어든 이유는, 전문직 종사자라도 송곳처럼 전문화된 분야가 없으면 살아남기 힘든 세상이기 때문이죠. 아무리 전문직이라도 나만의 무기가 없으면 도태되고, 남들과 똑같아서는 성공하기 힘들어요. 그래서 웬만한 업무는 다 해본 감정평가사 7년 차에 행정사 자격증까지 별도로 취득하면서 특화된 업체를 만든 거죠. 제가 주로 처리하고 잘하는 분야에서 인정받는 감정평가사가 되고 싶었거든요. 그렇게 재개발·재건축, 보상과 부동산 소송이라는 특화 분야를 전문으로 처리하는 사업을 시작하게 됐어요. 특화된 사건들만 주로 다루는 과정에서 자연스럽게 일반 감정평가사가 따라올 수 없는 수많은 경험과 성공사례, 전문성을 축적하게 되었답니다.

지금까지 수행했던 업무 중에서 가장 보람 있었던 사례는 무엇인가요?

의뢰인에게 눈에 보이는 실질적인 이득을 안겨드렸을 때가 가장 보람 있는데요. 그중에서도 특히 기억나는 사건이 있네요. 재건축사업에서 현금을 받고 부동산을 조합에 팔아야 하는 매도청구소송을 당한 토지소유자들이 매매대금에 대한 법원의 감정평가에 대하여 재감정을 요청한 건이었어요. 약 2년간의 소송 끝에 아무런 진전 없이 소송이 종료될 시점에서 지푸라기라도 잡는 심정으로 우리를 찾아온 사건이었죠. 우리는 사건을 완전히 다른 방향으로 해석했고 매도청구소송에서의 시가 산정 감정평가의 목적과 특성, 개별부동산의 특성에 맞춘 재평가 필요성을 짚었는데 이를 재판부에서 인정해주었습니다. 결국 수십 명의 의뢰인이 2년 넘게 염원하던 재평가를 받을 수 있었고 재평가금액은 작게는 수천만 원, 많게는 수억 원까지 상승했어요. 당시 의뢰인들로부터 매우 큰 감사와 넘치는 사랑을 받았답니다. 제가 잘하는 분야에서 도움이 필요한 사람을 만나서 사건을 그들에게 유리한 방향으로 해결해줄 때 가장 뿌듯하죠.

진정한 전문가는
유연하게 생각하고
행동한다

▶ KBS1라디오 생방송 [성공예감 김방희입니다] 인터뷰

▶ 제주도 출장(감정평가) 후 나홀로 한라산 등반

▶ 난생처음 재개발 재건축 공저자와

감정평가사의 근무환경은 어떤가요?

근무지와 직위, 업무 성향(영업중심 또는 처리중심)에 따라 천차만별이에요. 대형법인의 소속 감정평가사 위주로 소개하자면 일단 업무량이 엄청납니다. 제 경우, 회사까지 출퇴근 거리가 왕복 20km 정도에 불과했는데 1년에 차량 운행 거리가 30,000km 이상이었죠. 전국 각지로 현장조사를 다니기 때문에 운전량이 상당히 많아요. 종일 현장조사를 마치고 해가 지면 사무실로 복귀하여 야근하는 직원들과 짜장면을 시켜 먹으면서 낮에 현장조사했던 내용을 바탕으로 보고서 작성에 여념이 없답니다. 감정평가는 반드시 현장조사가 뒷받침되어야 하므로 업무에서 외부로 돌아다니는 비율이 매우 높아요. 그렇다고 사무 업무량이 낮은 편도 아니고요. 분명한 것은 감정평가사는 업무강도가 낮은 직업군은 아닙니다.

Question 감정평가사의 직업적 철학은 무엇인가요?

감정평가 영역에서 억울함을 토로하는 사람에게 법이 허용하는 한도 내에서 필요한 서비스(해결방안)를 제공하는 일을 하기 위해서는 탄력적인 사고방식이 필수랍니다. 빠르게 변화하는 세상에서 과거의 이론에 얽매여 일하는 사람은 진정한 전문가가 아니라고 봐요. 전문가라면 복잡하고 다양한 현상을 융통성 있게, 개별 의뢰인의 처지에서 재해석하여 창의적으로 업무를 처리하고, 개별 의뢰인의 이익에 맞는 해결책을 찾는 능력을 필수로 갖춰야 합니다. 시간이 흘러 연차만 쌓였을 뿐 업무 경험이 부족한 사람은 전문가라 할 수 없겠죠. 일단 양적으로 많은 사례를 풍부히 경험해야 응용력이 생기고 융통성도 개발됩니다.

취미는 독서와 등산이에요. 스트레스를 받을 때는 조용히 혼자 있는 걸 좋아해요. 가만히 앉아 햇살을 받으며 자연의 기운을 얻고, 명상을 통해 고요하게 내면을 성찰하는 시간을 갖고, 평온한 마음을 구하는 기도도 하죠. 구체적으로는 나와 나를 둘러싸고 스트레스를 유발하는 상황을 떼어놓고 3D로 입체적 관점에서 살펴보는 상상을 해요. 지극히 외부자의 시각에서 객관적으로 사안을 보면 대체로 별일 아닌 경우가 많거든요. 그리고 5년 후에 이 사건을 생각할 제 모습을 상상해보죠. 의외로 시간이 지나면 생각조차 잘 안 날 정도로 별일 아닌 경우가 많아요. 책을 읽거나 혼자 영화를 보면서 온전히 혼자서 어느 정도 시간을 보내고 나면 마음도 차분해지고 생각이 정리됩니다.

▶ 지리산 천왕봉 일출산행

Question 감정평가사로서 앞으로의 목표는 무엇인가요?

감정평가라는 제도와 파급력을 몰라서 고초를 겪는 일반인이나 피수용자(보상대상자) 등에게 '감정평가를 활용'하여 전문적으로 권리 구제하는 방안이 있음을 알리고 싶어요. 분쟁 전문 감정평가사로서 보상, 소송 등에서 고통받는 사람들에게 최고의 서비스를 제공하는 회사를 일구는 게 목표랍니다. 아프면 의사를 찾고, 소송 걸리면 변호사를 찾아가잖아요. 일단 일반인들에게 감정평가 문제가 있을 때 부동산 문제로 인한 재산손실을 피할 수 있다는 사실을 널리 알리는 것이 단기 목표입니다. 개인적으로는 가족과 행복한 삶을 사는 것이 인생 전반을 관통하는 궁극적인 목표예요. 그러기 위해서 무엇보다 건강해야 하고, 튼튼한 경제력도 있어야 하고요. 정원이 있는 단독주택에서 햇살을 받으며 가족과 주말 브런치를 즐기는 일상을 꿈꿔 봅니다. 사랑하는 가족과 공기 좋고 풍경 좋은 곳에서 책 읽고 산책하고 레저 활동도 하면서 행복한 시간을 보내고 싶어요.

목표를 실현하기 위해서 하시는 활동에 대해서 알고 싶습니다.

일반인도 감정평가 서비스나 컨설팅을 통하여 부동산 가격으로 인한 분쟁(상속·증여, 이혼 시 재산분할, 부당이득반환금, 보상금 등)에 대비할 수 있음을 아는 게 먼저죠. 안타깝게도 많은 의뢰인이 일이 터지고 난 후에 "감정평가가 이렇게 중요한지 몰랐어요.", "평가사님을 1년 전에 만났더라면 이렇게 고생하지 않았을 텐데..."라며 한탄하거든요. 분쟁 전문 감정평가사로서 각종 분쟁사례, 성공사례, 해결방안 등을 네이버 블로그에 포스팅하고 있어요. 또한 언론사 칼럼 기고, 도서 출간, KBS1 라디오 인터뷰, 유명채널 유튜브 인터뷰, 인스타그램 등 다양한 방식으로 감정평가 서비스에 대한 일반인의 접근성을 높이려고 노력 중입니다. 저는 살아오면서 적절한 시기마다 감사한 멘토들을 만났고 그분들 덕분에 여기까지 성장할 수 있었어요. 누구에게나 역경이 찾아오고, 누구나 현실에서 마주하는 고민으로 삶의 방향이 흔들릴 때가 있잖아요. 저 역시 조언과 도움이 필요한 누군가에게 긍정적인 영향을 주는 활동을 하고 싶어요. 방법론적으론 강연이나 저술에 관심이 있고요.

▶ 저서 - 난생처음 재개발 재건축
(변호사, 감정평가사, 공인중개사 공저)

▶ 저서 - 감정평가사 사용법

지인들에게 감정평가사라는 직업을 추천하시나요?

큰 틀에서는 추천하고 싶어요. 저에게는 적성에 잘 맞는 좋은 직업이에요. 장점도 매우 많죠. 그러나 어떤 직업이든 마찬가지겠지만, 감정평가사라는 직업 역시 개인의 성향에 따라 좋은 직업일 수도, 나쁜 직업일 수도 있어요. 막연히 전문직이라고 하면 경제적으로 안정된 평온한 삶이 수반될 거로 생각하는데 절대 그렇지 않아요. 전문직도 이익이 창출되어야 존속할 수 있고, 우리 업계 역시 마찬가지죠. 제가 이 직업을 추천할 때는, 늘 개인의 영업 능력이 매우 중요한 업무수행 능력임을 강조하거든요. 제대로 된 감정평가사로 생존하기 위해서는 상당한 업무량과 치열한 경쟁을 견뎌 나가야 하죠.

Question 인생의 선배로서 청소년들에게 해주고 싶은 말씀을 부탁드립니다.

신체는 불쑥 성장했을지언정 청소년기는 여전히 경제적으로, 정신적으로 타인에게 의지할 수밖에 없는 시기예요. 그래서 자신이 통제할 수 없는 외부환경의 변화가 생기면 깊게 좌절하곤 하죠. 만약 어려운 환경에 처해있다면 지금의 불행이 미래로 이어지지 않도록 자기 스스로 도와야 합니다. 내 삶은 내가 만들어가야 하니까요. 그리고 분야에 상관없는 많은 독서를 추천합니다. 한 사람의 인생은 그가 꿈꾸는 만큼, 노력하는 만큼 발전한다고 생각해요. 독서를 통해 많은 지혜를 얻을 수 있어요. 내가 누구인지, 어떤 삶을 살고 싶은지 진지하게 고민해보면 좋겠네요. 구체적으로는 5년 뒤, 10년 뒤에 내가 어떠한 모습으로 어떻게 살고 싶은지 종이에 적어보고, 내가 원하는 삶을 살기 위해서 지금 해야 할 일을 적어보세요. 그리고 내가 살고 싶은 삶을 이루는 데 필요한 노력과 실천을 하세요. 적성에 맞는 직업은 단순히 돈을 버는 수단을 넘어서, 자아를 실현하고 무수한 성취감과 행복을 느끼게 하죠. 더 나아가 나의 직업 활동을 통해 타인에게 도움을 줄 수도 있어요. 멋진 직업인으로 살아가는 자기의 모습을 상상해보세요. 기회는 늘 준비하는 자에게 온답니다.

연세대학교 사회과학대학 행정학과를 졸업하였다. 원래는 행정고시를 준비했으나 뜻대로 잘되지 않아서 부동산 경매 관련 업무를 했고 감정평가사라는 자격증을 알게 되어 수험생활을 하게 되었다. 감정평가사 자격증 외에는 민간자격증인 기업가치평가사 자격증이 있고, 예술경영지원센터에서 실시한 미술품 감정평가인력 육성과정 수료증이 있다. 2011년도에 KBS에서 방송하였던 퀴즈 대한민국에 참가해 우승(상금:4,500만 원)하였다. 감정평가법인에서 일하다가 2013년도부터 화신감정평가사사무소를 개업하여 현재까지 대표 감정평가사로 업무를 수행하고 있다. 현재 법원감정인, 공매감정인, 서울시 및 각 구청 업무 협약 감정평가사, 한국감정평가사협회 정회원 등으로 활동 중이다.

화신감정평가사사무소 대표
최성준 감정평가사

현) 화신감정평가사사무소 대표 감정평가사
현) 법원감정인, 공매감정인,
현) 서울시 및 각 구청 업무 협약 감정평가사
현) 한국감정평가사협회 정회원

- 대한감정평가법인(일산), 대화감정평가법인(인천) 근무
- 제20회 감정평가사 합격
- 부동산 경매 관련 업무
- 연세대학교 사회과학대학 행정학과 졸업
- 민간자격증인 기업가치평가사 자격증 취득
- 예술경영지원센터에서 실시한 미술품 감정평가인력
  육성과정 수료

감정평가사의 스케줄

최성준 감정평가사의 **하루**

* 업무 자체가 의뢰에 따라 결정되고 현장조사와 평가서 작성이 주 업무라 정해진 시간대별로 일하진 않아요. 현장조사 시 지방 출장도 잦고 일정이 촉박하면 밤새는 때도 많아요. 감정평가 업무는 여타 다른 업무와 달리 의뢰된 업무를 중심으로 수행되기 때문에 업무의 종류, 수량, 강도, 현장조사의 거리, 업무 마감 기간의 장단 등에 따라 근무시간이 늘어나기도 하고 줄어들기도 하죠. 현장조사를 해야 하기에 사무실에만 있는 게 아니라 밖에서 근무하는 시간도 많아요.

24:00 ~
▶ 취침

06:00 ~ 08:00
▶ 기상 및 출근

19:00 ~ 21:00
▶ 퇴근 및 식사
21:00 ~ 24:00
▶ 독서 및 개인활동

09:00 ~ 12:00
▶ 감정평가 업무 수행
(현장 조사 및 감정
평가서 작성)

13:00 ~ 18:00
▶ 감정평가 업무 수행
(현장 조사 및 감정
평가서 작성)

12:00 ~ 13:00
▶ 점심 식사

부동산 관련
일을 하다가
감정평가사에
도전하다

▶ 유치원 졸업사진

▶ 대학교 졸업사진(백낙준 동상 앞)

▶ (국민)초등학교 교내에서

Question 학창 시절을 어떻게 보내셨나요?

부모님께서 약국을 하셨기 때문에 경제적으로 어렵지는 않았어요. 혼자 있는 걸 좋아하는 성격이어서 활발하게 대인 관계를 맺지 않았지만, 나름대로 이야기도 많이 하는 편이라 만나는 사람들은 저를 외향적으로 생각하는 사람이 많았죠. 원칙을 중시하고 일을 미루지 않는 성격이어서 학교생활에 큰 지장은 없었던 거 같아요. 대학교 시절에 다른 걸 배워보려고 학교생활을 좀 등한시했는데 그때를 제외하곤 나름 학교생활은 충실하게 했습니다.

Question 학창 시절 좋아했던 과목이나 흥미를 느낀 분야가 있었나요?

사회 과목을 좋아하고 수학을 그다지 좋아하지 않아서 문과를 선택했는데, 역설적으로 수학이 가장 성적이 좋았어요. 역사나 경제 흐름에 관심이 많았기 때문에 신문 등을 열심히 읽었지요.

Question 중고등학교 시절 학교생활에 대해서 말씀해주세요

성적은 항상 상위권이었지만, 교우관계의 폭은 넓은 편이 아니었습니다. 제가 다녔던 중고등학교는 강남 8학군 내의 학교였고, 학교 자체에 특별한 동아리가 없어서 대학입시에 매진했던 기억만 있네요. 보충수업을 늦게까지 한 것이 기억에 많이 남고, 학원은 상대적으로 주변 친구들보다 많이 안 다녔어요. 중고등학교 때는 서울대학교 정치학과가 목표였죠. 감정평가사는 90년대 초반에 자격시험이 생겨서 중고등학교 때는 감정평가사에 대해서는 알지 못했습니다.

 **대학교 진학 시 감정평가사와 관련한 학과를 선택하셨나요?**

대학교는 감정평가사와 별로 상관이 없는 행정학을 전공하게 됐어요. 현재하고 있는 감정평가사와 학과 선정과는 큰 연관이 없답니다. 감정평가사 자격시험은 1990년도에 생겼거든요. 이전에 토지평가사나 공인감정사 제도가 있었지만, 이런 게 있는지도 모르는 상태였죠.

Question 대학 생활은 재미있었나요?

억압된 중고등학교 생활하다가 대학 때 갑자기 자유로워져서 상당히 혼란스러웠던 것 같아요. 행정고시를 목표로 공부했으나, 어떤 큰 비전을 품고 했다기보다 고등학교 생활의 연장선으로 생각한 탓에 강한 의지로 끝까지 밀어붙이는 뒷심이 부족했었죠. 동아리는 철학동아리였던 '자유교양'에 들어갔어요. 사회 참여적인 성격을 지닌 동아리였는데 제 성향과 맞지 않아서 1년 정도 활동하고 나왔어요. 행정고시를 목표로 했기 때문에 주로 도서관 생활과 신림동 고시촌 생활을 했었지요.

Question 대학 시절 특별히 기억에 남는 일이 있나요?

제가 입학한 92년도에는 아직도 대학생의 시위 문화가 많이 남아있었어요. 동아리가 사회 참여적이었기에 시위 현장에 자주 갔었고, 다른 대학교나 도심지에까지 시위하러 간 기억도 납니다.

Question 학창 시절 장래 희망은 무엇이었나요?

학창 시절에는 법관이나 고위 공무원을 하고 싶었으나, 지금 생각해보니 그것이 제 적성에 맞는지에 대한 큰 고민이 없었던 거 같아요. 약사에도 관심이 있었지만, 아버지께서 제가 약사가 되는 걸 별로 원치 않으시고 법관이나 고위 공무원이 되기를 바라셨어요. 학창 시절에는 감정평가사라는 직업이 생소해서 이것을 염두에 두고 활동하지는 않았어요. 다만 경제나 다양한 분야에 대한 관심 때문에 독서를 많이 한 것이 지금까지 도움이 되고 있네요.

Question 처음 감정평가사라는 직업을 어떻게 접하셨나요?

제가 군 복무를 마치고 부동산 경매 관련 업무를 하면서 감정평가사를 알게 됐어요. 순수하게 제가 결정했고, 이에 대하여 아버지로부터 가장 많은 조언을 받았지요. 수험생활을 함께하다가 저보다 먼저 합격한 형님이 한 분 계신데 그분에게 수험생활이나 합격 이후, 그리고 현재까지 많은 조언을 받으며 돈독한 친분을 유지하고 있답니다.

Question 감정평가사에 관심을 두고 도전하신 결정적인 계기가 궁금합니다.

대학 시절부터 준비한 행정고시에 실패하고 군대 복무 후 부동산 경매 분야 업무를 하다 보니 자연스레 감정평가사에 대해서 알게 됐죠. 감정평가사가 부동산 관련 자격증 중에서 최고라고 생각했고, 제 적성과 성격에 부합한다고 생각했어요. 부동산 투자 등에 관심이 많았는데 그 대상이 되는 부동산의 가치, 가격을 판단하는 직업이라는 것이 더욱 매력적이었던 것 같아요.

결단을
내리지 못하면
혼란이 온다

▶ 군복무 때 (의정부)

▶ 대학교 졸업사진 (교내)

▶ 퀴즈 대한민국 우승 (KBS)

Question 감정평가사가 되기까지 어떤 과정을 거치셨나요?

감정평가사 시험에 합격하면 의무수습(실무수습)을 감정평가기관에서 받게 되는데 저는 감정평가법인에서 근무했어요. 일종의 감정평가회사인데 어떤 조직이든지 그 조직 내에서 친소관계가 있고 이야기가 많잖아요. 이러한 사이에서 균형을 맞추고 법인 내에서 모나다는 평을 듣지 않으려고 나름 노력했습니다. 저 나름대로 수습 기간이나 소속 감정평가사 시절에 게으르다는 이야기는 듣지 않으려고 애썼고 좋은 인상을 주려고 노력했습니다.

Question 감정평가사가 되기 위해 어떤 준비가 필요할까요?

감정평가사가 되려면 자격시험에 합격해야 하는데 시험 자격에 대한 제한이 없습니다. 그러다 보니 다양한 분야에서 종사하거나 공부했던 분들이 오게 되죠. 필수적인 과정이나 경력은 존재하진 않지만, 부동산 관련학과나 경영, 경제 쪽의 전공자가 유리할 것 같네요. 영업력을 중시하기 때문에 건설 및 부동산, 금융 관련업에서 종사하다가 오는 경우를 선호하기도 하고요.

Question 감정평가사가 된 후 첫 업무를 기억하시나요?

감정평가사 수습 기간에 감정평가에 관한 기본적인 업무와 현장조사, 감정평가서 작성법 등을 배웁니다. 그 당시에 정신없이 업무를 처리하느라 첫 업무로 정확하게 어떤 현장에 갔고 어떤 업무를 처리했는지, 명확하게 기억이 나지 않지만 제 능력 범위에서 최선을 다했던 것으로 기억하고 있어요.

현재 일하시는 회사에 관하여 설명 부탁드립니다.

감정평가 업무는 감정평가사사무소와 감정평가법인이 있어요. 감정평가법인은 회사처럼 여러 평가사와 직원이 있어서 활동하는 곳이고 제가 근무하는 곳은 화신평가사사무소입니다. 여기는 1~2인의 감정평가사와 직원이 일하면서 의뢰한 감정평가 업무를 수행하는 곳이죠. 감정평가는 부동산, 차량, 건설기계, 기계기구, 수목, 동산, 유가증권 등의 유형자산이나 영업권, 산업재산권, 권리금 등 무형자산 그리고 기업체 등의 기업 등을 평가하여 그 가액을 감정평가서로 제시하거나 관련 업무에 대한 컨설팅을 수행합니다.

Question 소송감정평가를 하면서 애로점이 있다고 들었습니다.

소송평가를 하다보면 소송감정평가와 관련된 자료를 소송당사자에게 받아야 하는 경우가 있는데 쉽지 않은 경우가 있어요. 개인적인 자료도 있고 소송의 유불리에 따라서 제출을 선택적으로 하거든요. 소송 일방 당사자에게 감정평가 데이터를 전적으로 징구해야 하는 경우와 현장 및 물건 조사를 협조를 받아야 할 경우가 있는데 이런 것이 원활하게 소통되어 이뤄지지 않으면 과정 및 결과적으로 감정평가가 곤란해지는 경우가 있습니다.

Question 감정평가사로서 중요시하는 직업 철학이 있을까요?

감정평가사로서 제가 가장 중요하게 생각하는 말은 "當斷不斷 反受其亂", "斷而敢行 鬼神避之"라는 말입니다. 마땅히 결단을 내릴 때 내리지 못하면 그 혼란을 반드시 받게 되고, 결단을 내리고 행하면 귀신도 그를 피해 간다는 말입니다. 감정평가사의 직업은 의뢰인이나 대중들에게 가격을 결정해주는 일입니다. 결단력이 가장 중요하죠. 감정평가사 중엔 결단을 내리지 못하고 우왕좌왕하고 헤매는 분들도 간혹 있어요. 이는 대상에 대한 이해와 지식, 당해업무에 대한 전문성이 결여되어 그런 경우가 많습니다.

Question 감정평가사로 일하시면서 새롭게 깨닫게 된 점이 있을까요?

감정평가사가 되기 전에는 부동산이나 유형자산만을 감정평가 한다고 생각했어요. 수험생활과 업무에 종사하면서 무형자산, 권리 등 다양한 분야에 대해서도 감정평가 한다는 사실을 알게 됐죠. 현재는 이러한 분야의 전문성을 키우고 업무영역을 확장하려고 노력하고 있답니다.

일하시면서 힘들거나 당혹스러운 때도 있을 텐데요?

　자산재평가 업무를 하다 보면 전국을 단기간에 돌아야 할 때가 있어요. 거리가 멀고, 여러 곳을 현장조사 하는 경우엔 새벽에 출발해서 밤에 돌아오는 경우가 종종 있답니다. 그럴 때 운전하다가 깜박 졸아 사고가 날 뻔한 적도 있고요. 보상평가를 하다 보면 보상평가액에 불만이 있는 이해관계인이 찾아와서 행패를 부리거나 전화로 참담한 말을 할 때가 간혹 있죠. 경매평가 시에는 현장을 조사하게 되면 점유자가 채무자이거나 채무자 가족일 경우에는 법원감정인이라고 밝혀도 잡상인이나 불청객으로 취급하여 소리를 지르며 내보낼 때가 있죠. 하지만 여러 난관을 겪고 나서 나중에 수수료가 입금되면 그동안 고생한 것에 대한 보람을 느껴 행복감을 느낍니다.

감정평가사에 대한 오해나 억울한 사례는 없나요?

　특히 소송이나 보상 관련 감정평가를 하게 되면 그 결과에 대해 종종 부정적인 이해관계인이 생기게 됩니다. 그 이해관계인은 감정평가사가 외부의 압력, 금전적 이득, 친분 등에 의해 결과가 불리하게 나왔다고 주장하기도 하죠. 감정평가사의 경우 각종 법령이나 윤리적인 기준 등에 의하여 제재가 강하게 부여되기에 법령이나 직업윤리를 위반하여 위법 부당하게 감정평가를 하지 않아요. 그리고 보상이나 법령에 정해진 감정평가는 규정에 맞게 감정평가가 수행되므로 이해관계인이 예상한 것과는 다른 감정평가 결과가 나올 수도 있고요. 이런 것에 대해 불만이 많은 듯합니다. 또한 감정평가사가 임의로 가격을 결정한다고 생각하는 분들도 있어요. 감정평가서를 만들 때 각각의 거래사례, 평가전례, 세평가격 등의 객관적인 자료를 기반으로 하기 때문에 근거에 기반 없이는 가액을 마음대로 낼 수 없답니다.

▶ 법인 근무 당시

▶ 감정평가 업무 중 (소송)

▶ 감정평가 업무 중 (보상)

사소하고
일상적인 일에 꾸준한
정성을 쏟으라

 **감정평가사 자격증을 준비하면서 평가사님만의 공부 비법이 있을까요?**

비법은 항상 일반적이고 단순하다는 말이 있잖아요. 공부 비법이라기보다는 꾸준하게 일정한 시간을 확보하여 집중하려고 노력했죠. 중요한 내용을 정리해놓은 노트를 만들어서 반복적으로 보려고 했어요.

앞으로 감정평가사라는 직업의 전망은 어떨까요?

IT, AI 기술의 발달 등으로 인하여 감정평가사가 기존의 형태로 업무하는 것은 이제 한계에 와있고, 축소되는 상황입니다. 발달하는 신기술과 사회현상을 감정평가 업무에 접목할 수 있는 분이라면 새로운 기회를 찾을 수 있을 겁니다.

업무로 인한 스트레스를 어떻게 푸시나요?

저는 일단 업무 자체에 대해 긍정적으로 임하려고 해요. 감정평가 업무 특성상 의뢰된 감정평가 건에서 그 업무가 종료되거든요. 그 업무 종료 후엔 다시 다음 업무를 하면서 새로운 기분으로 임하게 되죠. 다만 일이 몰려 연속적으로 일하게 되거나 난이도 있는 업무를 장기적으로 할 땐 번아웃되는 경우가 있어요. 그럴 때는 그날은 쉬고, 다음 날 새벽에 일찍 일어나 일을 시작합니다.

취미나 여가 활동에 관해 알고 싶어요?

독서를 좋아해서 책을 쌓아놓고 보는 걸 좋아합니다. 일이 많아서 바쁘면 그 시간을 빼기가 어렵긴 하죠. 최근에는 바빠서 독서를 거의 하지 못했네요. 여가 활동이라고 하기는 그렇지만, 지방에 출장 가게 되면 업무를 마친 후 그 인근에 명승지나 사찰을 방문하는 것을 좋아해요. 코엑스나 킨텍스에서 박람회를 하거나 유용한 교육과정 등이 있으면 시간을 내서 참여하기도 하고요.

앞으로 삶의 비전이나 목표가 무엇인가요?

감정평가사로서 이젠 금전적으로 성공하는 것은 부차적인 일이고, 업무와 인생의 '워라밸'을 신경 써야 할 단계인 듯해요. 되도록 다량의 업무에 파묻혀 사는 것은 지양하고 여타 활동을 즐기면서 감정평가 업무를 할 수 있는 적정한 선을 찾으려고 합니다.

업무와 관련된 자기 계발 활동에 대해서 알고 싶습니다.

미술품 수집이나 감정에 관심이 있어서 이와 관련된 강의를 듣고 공부하고 있어요. 미술 관련 비전공자이다 보니 막히는 것이 있긴 하지만, 제 아내가 미술 전공을 했고 출강한 적도 있어서 이에 대하여 조언과 지도를 받고 있죠.

진로를 고민하는 청소년들에게 조언 한 말씀.

인생이란 사소하고 일상적인 사건들의 연속입니다. 이러한 일들을 접할 때 가볍게 혹은 사소하다고 생각하면서 우습게 생각하거나 미루지 않았으면 좋겠어요. 나중에 이러한 사소한 일들이 본인의 인생에 있어서 중요하고 결정적으로 작용할 경우가 있거든요. 이를 후회하고 다시 복구해보려 하지만, 되돌리지 못하고 회복 불가능하게 되는 경우가 많아요. 지금 뭔가를 하고 있거나 그냥 아무것도 하지 않고 보내는 매 순간이 인생에서 다시는 돌아오지 않는 소중한 시간입니다. 항상 무엇을 하든지 매사에 전력투구하면서 보내길 바랍니다.

AYR감정평가사사무소 대표다. 자격증을 취득한 지 11년이 되었고, 올해 12년 차 감정평가사로서 부동산 감정평가업을 통해 개인사무소를 운영 중이다. 연세대학교 주거환경학과와 경영학을 복수 전공하고, 대학교 4학년 졸업을 앞둔 상황에서 2년 휴학하여 감정평가사 자격증을 취득했다. 첫 직장으로 대형감정평가법인인 '태평양감정평가법인' 본사에서 근무하며, 감정평가업의 기반을 마련했다. 그 후에 글로벌 부동산 투자자문사인 '세빌스코리아'와 '쿠시먼앤드웨이크필드'에서 투자자문 및 Value Add 팀에서 근무했으며, 현재는 상속·증여 전문 감정평가사사무소를 운영하고 있다.

상속증여 전문 감정평가사
안유라 감정평가사

현) AYR감정평가사사무소 대표
- 세빌스코리아(글로벌 부동산 투자자문회사) 투자자문
- 쿠시먼앤드웨이크필드(미국계 부동산 컨설팅 회사)
  Value Add 팀 근무
- 감정평가법인 '태평양감정평가법인' 본사 근무
- 제20회 감정평가사 합격
- 연세대학교 주거환경학과, 경영학과 복수전공
- 네이버 '안평의 블로그' 운영

감정평가사의 스케줄

안유라
감정평가사의
하루

*개인사무소를 운영한 지는 약 4년이 되었는데요. 개인사무소를 운영하게 된 계기는 회사생활과 육아를 병행하기 어려웠기 때문이었어요. 개인사무소의 장점을 활용하여 개인 시간을 유동적으로 활용할 수 있어서 아이를 제 손으로 양육함과 동시에 수익도 창출할 수 있었죠. 제 일과는 이렇게 흘러갑니다.

21:00 ~
▸아이가 잠든 후에 추가 작업

07:00~09:00
▸기상 및 아이 등원

10:00 ~ 13:00
▸현장 출장

16:40 ~ 17:00
▸출장 준비 및 퇴근

14:00 ~ 16:40
▸서류작업 및 발송

13:00 ~ 14:00
▸점심 식사

주거환경학에 경영학을 얹히다

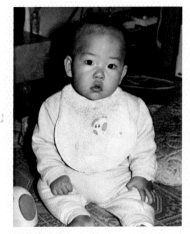

▶ 어린 시절

▶ 어린 시절

▶ 초등학교시절부터 시작한 미술

Question **어린 시절** 어떤 성향의 아이였나요?

저는 "외향적이냐? 내성적이냐?" 질문에 한 치의 고민 없이 "외향적"이라고 답할 수 있는 아이였어요. MBTI에 빗대면, 바로 E형의 전형이라고 할 수 있죠. 또 새로운 친구를 사귀거나 새로운 일에 도전하는 데 망설임이 없었어요. 부모님께서 학창 시절 내내 맞벌이를 하셨고, 특히 어머님께서 개인사업을 하셨기 때문에 여자와 남자 불문하고 자기 능력을 발휘하며 살아가는 것, 그리고 성실하게 살아가는 모습에 익숙했던 것 같아요.

Question **학창 시절** 장래의 꿈은 무엇이었나요?

저 스스로 활동적인 성향을 잘 알고 있었어요. 현장형 직업을 하고 싶었고, 거기에 제가 좋아하는 분야가 접목되면 좋겠다고 생각했었죠. 의도했던 건 아니지만, 이러한 이유로 제가 고등학교 시절 꿈꾼 미래의 직업은 PD, 방송기자, 건축가, 인테리어 디자이너, 경찰과 같은 직업들이었어요. 사실 그 시절 '감정평가사'라는 직업은 존재조차 몰랐어요. 부모님은 제 성격에 제가 하고 싶어 하는 이 직업들이 잘 맞을 거로 생각하셨던 것 같아요. 항상 제가 좋아하는 미술활동이나 사교활동 등을 지원해 주시고, 이에 맞는 진로 선택을 응원해 주셨답니다.

Question 대학교 전공 선택하는 과정이 궁금합니다.

활동적이고 외향적인 제 성향에 주거환경학과는 매우 적합한 학과였어요. 더군다나 학창 시절 내내 미술을 취미로 삼았기에 더더욱 인테리어나 건축 쪽 일에 관심이 많았죠. 고등학교 시절에는 예체능 계열이나 예체능 수업에 중점을 두지 않았지만, 미술 시간에 선생님께서 제 그림을 보고 "왜 예고 가지 않았니?"라는 말씀을 하시곤 했어요. 그래서 주거환경학과에 합격했을 때, 많은 선생님이 적성에 잘 맞게 선택한 것 같다고 말씀하셨던 기억이 납니다.

Question 주거환경학 공부는 재미있었나요?

대학교에서 주거환경학을 전공하면서 인테리어 업종이나 건축 일이 수월한 분야가 아니라는 느낌을 받았어요. 대학교 2학년 때 교수님 소개로 병원 인테리어 전문 사무소에서 인턴을 했던 적이 있었는데 실제 이 분야 종사자들의 삶은 제가 기대하던 디자이너의 모습은 아니었어요. 라이프 밸런스나 쌓아야 하는 경력의 정도 등이 제가 생각하는 삶의 기준과 크게 다르더군요. 그래서 경영학을 복수 전공하기로 결심했고요. 경영학과 수업은 저에게 부동산을 건축실무가 아닌 기획 쪽에서 접근하도록 하는 계기가 되었습니다.

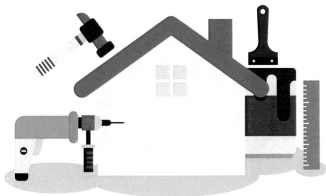

처음 감정평가사 시험을 보겠다고 부모님께 말씀드렸을 때 아버지께서 반대하셨어요. 부동산 관련 업종이 여자의 직업으론 험한 부분도 있고, 출장이 잦은 직업이기에 힘들 거로 판단하셨던 것 같아요. 하지만 어머니께선 제 선택을 존중해 주셨고, 아버지를 설득하셨답니다. 어머니께서는 활동적인 제 성향과 여기저기 돌아다니는 걸 좋아하고 타인과 원활한 관계를 맺는 제 성격에 감정평가사가 제격이라고 생각하셨죠. 감정평가사 자격시험은 여느 고시와 마찬가지로 장기적인 과정이기에 저와 맞지 않는 길이라 생각하셨으면 아마도 저를 말리셨을 겁니다. 하지만 제 성향을 잘 파악하시고 제 선택이 옳다고 믿어주신 부모님이 계셨기에 이 길을 걸어올 수 있었죠.

투자자문회사의
경험으로 개인사무소의
방향을 설정하다

▶ 연세대학교 아카라카

▶ 세빌스코리아 재직 시절

▶ 공시지가조사 평가 참가증

▶ AYR감정평가사사무소 설립

감정평가사로서 첫 업무는 어떻게 시작되었나요?

첫 직장은 대형감정평가법인의 소속 평가사로 시작했어요. 감정평가사는 수습 기간을 거쳐야 자격이 주어지는데, 1년의 수습 기간을 거친 곳에서 자리 잡게 되었죠. 기본적인 평가 업무를 이곳에서 모두 배웠고 개인영업도 이곳에서 배웠습니다. 3년 차가 되었을 때, 해외 부동산 투자자문 일을 해보고 싶어서 글로벌 부동산회사로 이직하게 됐죠. 감정평가 업무가 보통 법적인 필요에 따라서 감정평가를 진행하고 감정평가보고서를 작성하는 데 그치거든요. 하지만 투자자문회사는 실제 사적이익을 위한 부동산 감정평가가 필요한 곳이에요. 이곳에서의 경험을 통해 좀 더 실질적인 가치평가 측면에서 업무에 접근할 수 있게 되었고요. 아마도 제가 제 사무소를 상속과 증여 전문 감정평가 업체로서 콘셉트를 정해 운영하게 된 건 아마도 이 경력이 있었기 때문이 아닐까 생각합니다.

외근하시면서 겪는 다양한 일도 있을 것 같은데요?

현재 운영하는 블로그(네이버 검색 '안평의 블로그')에서 가장 인기 있는 카테고리가 바로 '현장조사일지'입니다. 감정평가를 진행하며 겪었던 다양한 에피소드를 다루고 있죠. 특히 현장에서 만난 동물들과의 기억이 가장 생생합니다. 감정평가 일을 하다 보면 시골 논밭이나 임야에 갈 일이 많아요. 대부분 농가에서는 가축이나 개를 키우시기 때문에 평가를 하면서 개를 피해 도망쳤던 사건이나 가축 때문에 운전에 방해받은 일이 기억에 많이 남네요.

▶ 현장조사 중에 길을 막은 흑염소

 **이제껏 감정평가사무소를 운영하면서 진행된 일을 알 수 있을까요?**

처음부터 우리 회사가 '개인의 실질적인 경제적 이익을 도모'하는 것을 슬로건으로 했던 것은 아니었어요. 처음 회사를 차린 저로서는 의뢰할 수 있는 영역은 무엇이든 발 벗고 나섰죠. 하지만 시간이 흐르면서 제가 잘할 수 있는 영역과 감정평가사로서 보람을 느낄 수 있는 부분들이 드러나기 시작했어요. 그 분야가 바로 개인들이 사적재산을 운영하면서 필요로 하는 상속, 증여 또는 투자를 위한 일반시가 감정평가 부분이었습니다. 또한 블로그를 통해 저를 찾아주시는 많은 분이 어느 정도 제가 남긴 세무 관련 글을 보시고 신뢰를 쌓은 후에 상담 전화를 주시거든요. 그리고 한 번 일을 맡겨주신 분들은 다른 재산에 관한 감정평가 업무도 저에게 의뢰합니다. 가끔 친인척, 친구들에게 소개해주시는 때도 있고요. 세금 관련 상담은 저희 업무영역을 벗어나는 범위이지만, 상속이나 증여 등을 목적으로 하는 평가를 하면서 이를 모르면 일의 진행이 미흡할 수밖에 없습니다. 이 점에서 우리 회사의 노력을 알아주시고 믿고 일을 맡기실 때 가장 보람을 느낀답니다.

 **양육하시면서 감정평가사의 일을 하는 게 어렵진 않으신지요?**

감정평가사 일이 만약 가정과 직업을 병행할 수 없는 직업이었다면 저는 선택하지 못했을 것 같아요. 감정평가사는 자격증을 취득함으로써 전문성을 바탕으로 회사 소속이 될 수도 있고, 개인사무소의 대표가 될 수도 있고, 이 업무 능력을 베이스로 한 다른 업종에 취업도 할 수 있는 장점이 있답니다. 저는 이 세 가지를 모두 경험했고, 지금은 제가 양육과 병행하기 가장 좋은 방향에서 이 일을 하고 있다고 보시면 됩니다. 소위 말하는 '자격증', '전문직'이라는 것의 장점이겠죠?

많은 사람이 법적으로든, 절차적으로든 감정평가보고서를 반드시 받아야만 하는 경우가 발생합니다. 저는 감정평가업을 함에 있어서 이 점을 악용해서는 안 된다고 생각해요. '법적으로 받아야만 하니까 나에게 일이 들어오는 것은 당연해'가 아니라, 실질적으로 감정평가를 받음으로써 의뢰인에게 경제적 이익이 발생해야 한다고 생각합니다. 굳이 '직업 철학'이라기보다는 제가 사업을 운영하는 태도라고 보시면 좋을 것 같네요. 물론 직업은 개인의 수익 창출 수단이죠. 저의 직업과 같이 자격증으로 업무를 보장받는 직업의 경우엔, 의뢰인의 수익 창출을 고민하고 탐구하는 자세가 반드시 수반되어야 합니다.

감정평가사는 기본적으로 가치를 평가하는 일을 합니다. 주로 부동산의 가치를 평가하는 업무가 대부분이라고 볼 수 있는데요. 부동산의 가치평가 목적은 대표적으로 공적 업무, 즉 정부의 부동산 관리를 위한 표준지공시지가, 법원이 주체가 되는 경매 또는 소송을 위한 평가가 있어요. 개인의 필요에 따라서는 대출을 위한 담보평가와 사적 목적에 의한 상속이나 증여 등을 위한 일반시가 평가가 있고요. 감정평가사가 되면 수습과정을 거친 후 1인이 운영하는 개인사무소, 3~5인이 운영하는 중소형법인, 그리고 대형법인에서 소속 감정평가사로 일할 수 있죠. 감정평가 업무 능력을 기반으로 한국부동산원, 은행, 증권사, 투자자문사 등에서 일하는 예도 많고요.

의뢰인을 위한
원스톱 솔루션이
목표

▶ 현장조사겸 평창 여행

네 감사합니다 감정평가 끝나면 연락 드리기로 했습니다~^^ 내일쯤 연락 드리려구요

네!

감사드리고 남은 절차도 원활히 마무리 하시길 바래요!!! 설 잘 보내시고요. 감사합니다.

제가 감사합니다. 금액도 크지 않고.. 신경쓰이는게 많으셨을텐데 잘 처리해 주셔서 감사합니다. 명절 잘 보내시고~ 새해 더 번창하시기 바라겠습니다 ^^

▶ 의뢰인에게 받은 기억에 남는 따스한 문자 한 통

▶ 현장조사겸 부산가족여행

일반인이 감정평가사에 대한 오해가 있다면 무엇일까요?

감정평가사는 부동산 투자전문가는 아니에요. 감정평가를 하기에 부동산 시장을 잘 알고 전망도 할 수 있을 거로 오해하는 경우가 종종 있죠. 전국의 모든 부동산을 잘 알거나 분석하고 있는 것은 아니기에 통상 유튜브나 학원을 운영하는 투자전문가들과는 달라요. 다만, 부동산 전반에 걸쳐 다양한 곳에서 저희 업무가 필요하기에 그 업무를 하면서 보고 들은 내용을 기반으로 투자 조언을 할 수는 있을 것 같네요.

Question **취미로 하는 활동이 있으신가요?**

저는 전시회 관람을 취미로 하고 있어요. 전시회 관람도 가고 미술품 수집도 하고 있죠. 지방 대도시에는 서울 못지않은 박물관이나 갤러리가 하나씩은 있거든요. 직업 특성상 수도권 사람들이 잘 가지 못하는 갤러리까지도 접근이 쉽기에 현장을 가는 날에는 그 동네 갤러리를 꼭 찾아보곤 하죠. 가끔 여유가 있을 때는 하루는 출장, 하루는 관람으로 한 주를 메우기도 해요. 그림을 보고 느끼다 보면 복잡했던 머리가 조금은 정리되는 기분이어서 참 좋습니다.

Question **감정평가사로서 앞으로 계획을 듣고 싶습니다.**

요즘 들어 느끼는 점은 우리나라 세무 체계가 참 복잡하다는 점입니다. 가끔 의뢰인 분들이 연락해서 하소연하세요. "대체 이 부분은 누구에게 연락해야 하나요?", "세무사도 모른다. 법무사도 모른다. 그럼 대체 어디에 물어봐야 할까요?" 현재는 우리 회사에서도 필요한 부분은 별도의 세무회계사 사무소와 연계하여 일을 진행하고 있어요. 하지만 하나의 원스톱 솔루션을 제공하고 있지는 못하고 있는 실정이죠. 이렇게 부동산 관련 세금 신고나 컨설팅을 원스톱으로 해결해주는 형태의 서비스를 제공하는 것이 우리

AYR감정평가사사무소의 단기적 목표입니다. 현재는 이를 위해 뜻을 같이하는 관련 업무종사자들의 의견을 지속해서 수렴하고 있답니다. 그리고 이러한 보다 나은 서비스를 제공하기 위해 의뢰인들의 고충과 의견을 귀담아듣고 서비스에 반영하려고 합니다.

Question 직업으로서 주변에 감정평가사를 추천하실 건가요?

아들 친구 엄마 중엔 저에게 이런 말씀을 하는 분들이 종종 있어요. "우리 딸은 감정평가사 하라고 하고 싶어." 자아실현, 가정과 직업의 밸런스가 가능한 직업 중 하나인 것 같다면서요. 맞습니다. 특히 코로나 시대를 지나면서 이 직업의 장점을 온몸으로 느끼고 있답니다. 컴퓨터만 있으면 어디서나 작업이 가능하고, 출장도 자유롭게 진행할 수 있기에 시간과 장소에 얽매이지 않을 수 있는 아주 매력적인 직업이죠.

Question 미래를 설계하는 청소년들에게 실질적인 도움의 말씀 부탁드립니다.

세상에는 여러분이 모르는 직업이 수만 가지도 넘어요. 그리고 지금은 새로운 직업이 생겨나고 있고요. 저 자신도 학창 시절엔 이름조차 모르던 이 직업을 하면서 살고 있잖아요. 지금 당장 "나는 무슨 직업을 가질 거야" 라든가 "나는 무슨 일을 할 거야"라는 목표를 세우는 일은 어쩌면 불가능한 미션일지 몰라요. '나는 왜 꿈이 없을까?' 하는 마음에 억지로 자신의 꿈을 설정하진 마세요. 올바른 진로 선택은 '내가 어떤 사람인가? 내가 무엇을 좋아하는가? 나는 무엇을 잘하는가?'를 계속 알려는 노력과 함께 사회 경험이 더해질 때 비로소 가능하다고 봅니다. 지금 당장 할 수 있는 것, 자기에 대해 알아가는 노력, 그것이 지금 여러분에게 필요한 게 아닐까요? 제 인터뷰가 여러분의 간접적인 사회 경험에 조금이나마 도움이 되었길 바랍니다.

넉넉지 않은 가정에서 장남으로 태어났다. 부모님은 늘 생계로 바쁘셨기에 할머니의 손에서 자랐지만, 적극적인 성격으로 초등학교에서 회장과 부회장을 놓치지 않았다. 대학을 경영학과로 진학하면서 경영학부 내에 있는 공인회계사 고시반에 들어가서 공인회계사 공부를 시작했다. 그러던 중에 감정평가사에 관심을 두게 되었고 도전하여 합격하게 된다. 연고가 없는 서울 감정평가법인에서 13년간 근무하다가 개인사무소를 열게 되었다. 늘 부동산에 대해서 관심이 많았기에 감정평가 업무와 공인중개 업무를 병행하고 있다. 이제껏 경험했던 다양한 부동산 지식을 공유하기 위해 유튜버 활동도 하고 있다.

- -

감정평가업무·공인중개업무·유튜브 활동가
박재우 감정평가사

현) 리랩스(Re:LABs) 감정평가사 사무소
    & 공인중개사 사무소 운영
- 유튜브 리랩스TV 운영
- 대화감정평가법인 경남중앙지사 근무
- 삼창감정평가법인 본사 및 경기지사 근무
- 제18회 감정평가사 합격,
- 제18회 공인중개사 합격
- 계명대학교 경영학과 졸업

감정평가사의 스케줄

박재우
감정평가사의
하루

24:00 ~
▶ 취침

07:30 ~ 09:00
▶ 기상 및 출근

18:00 ~20:00
▶ 저녁 후 휴식
20:00 ~21:00
▶ 산책
21:00 ~24:00
▶ 유튜브 작업

09:00 ~ 12:00
▶ 오전 일과

13:00 ~ 18:00
▶ 오후 일과
(주로 현장 출장)

12:00 ~ 13:00
▶ 점심시간

▶ 초등학교 6학년 동생과 서울 대공원에서

▶ 초등학교 졸업식 날

▶ 친구들과 중학교 졸업식 날

공인회계사를
준비하다가
감정평가사에
합격하다

어린 시절에 자라온 환경이 궁금합니다.

넉넉지 않은 집안의 형제 중 장남으로 태어났어요. 시장에서 가게를 운영하시는 부모님을 대신해서 할머니께서 키우셨죠. 아버지는 시장에서 유리 가게를, 어머니는 가방 가게를 하셨습니다. 아버지가 운영하셨던 유리 가게는 육체적으로 힘들고 깨지기 쉬운 유리를 다루셨기에 항상 상처를 달고 다니셨어요. 명절을 제외한 1년 내내 가게 문을 여셨고, 부모님과 여행을 갔던 기억이 별로 남아있지 않네요. 부모님은 아침 일찍 출근하셨고, 저녁 9시에 퇴근하셨기에 저녁 먹는 시각이 늘 9시가 넘었죠. 그래서 저희 형제는 같이 사셨던 할머니 손에서 자랐기에 할머니에 대한 사랑이 각별하고 애틋하죠.

Question **부모님에 대한 추억이 있으신가요?**

특별히 자랑할 만한 것도 없는 가정 속에서 자랐지만, 저는 적극적인 성격이라서 초등학교 내내 회장이나 부회장 자리를 놓친 적이 없었어요. 초등학교 시절에 아버지가 오토바이를 타고 동네를 다니시는 모습을 친구들이 볼까 봐 마음을 졸이기도 했죠. 그땐 허름한 작업복에 유리를 싣고 막노동하시는 아버지가 솔직히 부끄러웠어요. 그러다가 6학년 수업 시간에 아버지에 대해서 발표하는 수업이 있었어요. 그땐 좀 철이 들었을까요? 저는 친구들 앞에서 아버지가 하시는 일에 대해서 알렸고, 아버지가 저를 위해서 고생하시는 모습을 사랑하며 더욱더 열심히 공부해야겠다고 발표한 기억이 생생합니다. 그리고 그 이후부터는 부끄럽기보다는 자랑스러운 아버지로 지금껏 존경하고 있죠.

초등학교 시절에는 과학자였습니다. 그 당시는 다들 그랬죠. 대통령, 과학자 등등. 부모님도 특별히 언급했던 기대 직업은 없었던 거 같아요. 다만, 공인회계사 2년과 감정평가사 5년을 거치면서 자꾸 시험에 떨어지니까 부모님께서 고시 공부 접고 공무원 준비하라고 하신 적이 있어요.

Question 음악과 미술에 관심이 있었다고요?

음악과 미술을 좋아했어요. 그렇다고 음대나 미대에 가고자 했던 것은 아니었고요. 친구들과 함께 건반에 맞춰서 한목소리로 노래를 부를 때 묘한 동질감을 느끼곤 했죠. 그때만큼은 맘에 들지 않는 친구도, 친한 친구도 모두 아름다운 선율에 맞춰서 함께하고 있다는 생각이 들었어요. 그래서 저는 음악을 장르 불문하고 다양하게 듣는답니다. 클래식부터 재즈, 힙합, 하우스뮤직, 뉴에이지, 트로트까지. 그리고 그림을 잘 그리지는 못했지만, 제 생각을 도화지에 펼쳐 보이는 느낌이 좋았습니다. 중학교 때 '몬드리안'의 <빨강, 파랑, 노랑의 구성> 작품을 응용하고, '쇠라'의 <그랑드 자트 섬의 일요일 오후>를 판화로 작업해서 선생님에게 칭찬받았던 기억이 있어요. 미술에 대한 애정이 제 삶에 영향을 주었고, 유튜브를 할 때도 도움이 되는 것 같아요.

Question **중고등학교 생활을 어떻게 보내셨나요?**

중고등학교 시절을 회상하면, 한마디로 '정글'이라는 표현이 어울리겠네요. 순수하고 뽀송뽀송했던 초등학교 시절과는 달리, 선생님의 통제를 벗어난 무법천지의 느낌이었죠. 중학교에 입학했을 때 먼지로 자욱했던 교실과 그 먼지 냄새가 아직도 생생합니다. 초등학교 때에는 줄곧 회장과 부회장을 도맡아 왔는데, 중고등학교 때에는 감히 엄두도 못 내었죠. 저는 남자들 세계에서 싸움도 못 했고, 그렇다고 월등히 공부도 잘하지 못해서인지 그리 좋은 기억은 남아있질 않네요.

Question **중고등학교와 달리 대학 생활은 재미있었나요?**

그 당시 제 적성을 모르고 성적에 맞추어 경영학과를 선택했어요. 일단 암울했던 중고등학교 시절을 벗어버리고 새파란 하늘과 같은 대학 생활을 기대했죠. 하지만 새내기 대학 생활은 '공허'라는 단어로 표현하고 싶어요. 12년 동안 짜인 틀에서 생활하다가 난생 처음 맛본 자유는 오히려 두려움으로 다가왔죠. "이래도 되나?" 그리고 그 자유는 처음 접한 소주의 느낌처럼 모든 것이 혼란스러웠답니다. 그렇게 혼란스러울 때, 다른 대학교에 입학했던 고등학교 단짝 친구한테서 전화가 왔어요. "재우야, 니 공인회계사라고 들어봤나? 우리 학교 선배가 공인회계사 하면 돈 많이 벌고 좋다 카더라." "그 시험 어렵지 않나?" "어렵지. 그래도 합격하면 돈도 많이 벌고 멋있잖아!" "그래. 함 해보자. 근데 군대 갔다 와가 시작할 끼다." 그래서 1학년 때에는 겨우 학사경고를 면할 정도로 신나게 놀았습니다. 어렴풋한 목표만 세워두고 혼란스러운 자유를 즐기기로 했던 거죠. 그리고 다음 해 6월에 입대했어요. 상병 무렵부터 공인회계사를 위한 공부를 시작했습니다. 군대에서 할 수 있는 공부는 영어 공부가 전부였는데, 영문법이 약해서 고등학교 때 보던 맨투맨 영어책을 다시 꺼내 들었죠.

Question 대학 시절 특별히 기억에 남는 활동이 있으신지요?

대학교 동아리는 통기타 동아리에 들어갔어요. 어릴 때부터 음악을 많이 좋아했거든요. 동아리 친구들과 선후배들이 모여 기타 하나로 한목소리로 노래를 부를 때 매우 행복했었거든요.

Question 제대 후에 공인회계사 시험을 계속 준비했나요?

제대 후 복학하여 경영학부 내에 있는 공인회계사 고시반에 들어가서 본격적으로 공인회계사 공부를 시작했죠. 2학년부터 4학년 1학기 때까지는 공인회계사 공부를 해서 그런지 성적장학금을 받으면서 공부했답니다. 그런데 공인회계사 1차 시험에서 계속 낙방하면서 이 시험은 저에게 맞지 않는다고 생각했어요. 그리고 시작한 것이 감정평가사 자격시험이었죠. 감정평가사 자격시험을 선택한 이유는 공인회계사 시험 과목과 많이 겹친다는 것이었어요. 영어, 경제학, 회계학은 공인회계사 준비로 자신이 있었기에 도전해볼 만하다고 판단했습니다. 그리고 사람은 누구나 부동산 위에서 살고 있기에 부동산을 공부해두면 누구에게나 필요한 사람이 될 것 같다고 생각했죠.

▶ 고등학교 졸업식 날 친구들과

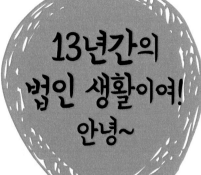

13년간의
법인 생활이여!
안녕~

▶ 대학교 첫 MT 등산대회

▶ 말년병장 때 유격훈련

감정평가사가 되고 나면 어떠한 과정을 거치나요?

일반적으로 감정평가사에 합격하면 자기 연고가 있는 고향의 감정평가법인에 입사합니다. 특이하게 저는 연고가 없는 서울 본사에 취업했죠. 보통 서울 본사에서는 지방 출신 평가사를 선호하지 않습니다. 왜냐하면, 감정평가사라는 직업이 전문직이긴 하지만, 매출 대부분이 영업활동에서 발생합니다. 영업활동은 인맥이 중요하잖아요. 그래서 대부분 연고가 있는 평가사를 선호합니다. 하지만 저는 서울에서 감정평가사 생활을 해보고 싶어 지원했어요. 저의 열정적인 모습이 마음에 들었는지, 서울 본사에서 허락했고 수습 생활과 소속 감정평가사 생활을 시작하게 되었죠.

감정평가사로서 처음 접하게 된 업무가 무엇인가요?

감정평가사는 현장 출장이 반드시 수반되는 업무예요. 왜냐하면, 부동산의 특성을 조사하려면 현장에 직접 가서 확인해야 하거든요. 감정평가사가 된 후 첫 업무는, 현장에 가서 부동산 특성을 조사하는 방법을 익히는 것이었죠. 예를 들어 단독주택을 평가한다고 하죠. 일단 해당 지번에 주택이 있는지, 그 주택이 어떠한 구조로 지어졌는지, 건물 상태가 좋은지 나쁜지, 불법으로 증축한 것은 없는지, 방 개수는 몇 개인지, 난방은 무엇으로 하는지 등 평가목적에 맞게 조사해야 할 사항이 많답니다. 처음에는 조사해야 하는 사항을 놓쳐서 다시 현장을 다녀오는 경우도 많았죠.

감정평가의 업무에는 어떤 것이 있나요?

감정평가사는 크게 공적평가와 사적평가로 나눕니다. 공적평가는 국가의 업무 중에서 감정평가가 필요한 일을 말하죠. 예를 들면 법원의 경매평가, 소송평가, 한국자산관리공사의 공매평가, 정부, 지방자치단체나 공기업의 보상평가 등이 있어요. 사적평가는 일반 기업이나 국민을 상대로 하는 업무로서, 대표적으로 은행의 담보평가를 들 수 있겠네요.

Question **일하시면서 기억에 남는 에피소드도 있을 텐데요?**

감정평가 업무 중에서 가장 힘든 업무는 소송평가와 보상평가라고 생각해요. 도로를 확장하기 위해선 타인의 재산권을 감정평가하여 책정된 보상금으로 도로에 포함된 소유자에게 보상금을 주고, 그 소유자의 재산권을 시청에서 가져갑니다. 이를 '수용'이라 일컫죠. 한번은 자그마한 식당을 운영하시는 분이 계셨는데, 그분이 보상금이 작다고 해서 많은 민원과 이의제기를 하셨어요. 시청과 그 식당 주인 중간에서 합의점을 찾기 위해서 갖가지 자료를 수집하고 적정한 보상금을 찾았던 일이 기억에 남네요. 결국, 합의점을 도출하여 원활하게 도로 확장 사업을 진행했었죠. 그 당시 합의점을 찾기 위해서 어렵고 힘든 과정을 거쳐 합의점을 찾았어요. 나중에 그 소유자분이 감사의 전화를 주셔서 보람을 느꼈던 경험이 있어요.

감정평가사로 일하시면서 지루하거나 싫증이 나진 않나요?

부동산은 똑같은 것이 하나도 없습니다. 대형마트에서 구매하는 제품들은 똑같은 제품들로 이루어져 있지만, 부동산은 모두 제각각이에요. 같은 아파트라도 층에 따라 또는 호수에 따라 조망이 다르고요. 바로 옆에 있는 땅이라도 도로접면, 방향, 토질, 일조량, 조망, 행정규제 등이 다 제각각이죠. 그래서 매번 같은 일을 하더라도 새롭게 느껴지기 때문에 싫증이 나진 않아요.

법인회사와 개인사무소의 차이에 관해 설명해 주시겠어요?

저는 13년간의 법인 생활을 마치고 개인사무소를 창업했어요. 감정평가업계의 형태는 크게 법인운영과 개인사무소 운영으로 나누어지죠. 법인과 개인사무소의 가장 큰 차이는, 금융권(특히 은행, 증권사)과 일을 할 수 있는지 없는지입니다. 법인은 금융권의 업무를 수행할 수 있는데 반해, 개인사무소는 금융권 업무를 수행할 수 없답니다. 그래서 법인은 다수의 감정평가사가 모여 함께 업무를 하지만, 개인사무소는 혼자서 일하게 되죠. 개인사무소는 주로 법원의 일을 합니다. 경매에 있어 경매 시작가를 평가하는 경매업무, 소송 시 감정평가가 필요한 경우에 법원에서 의뢰를 받아 소송 감정평가를 수행하죠. 또한, 한국자산관리공사의 공매를 위한 공매평가, 지방자치단체 등에서 시행하는 보상업무, 그리고 일반인들의 필요에 따라 감정평가를 의뢰하는 경우엔 시가감정평가 업무를 합니다.

Question 감정평가사의 근무 환경과 연봉을 알고 싶어요.

근무환경은 타 직업군에 비해 자유로운 편이죠. 현장출장 업무가 잦은 것도 이유겠지만, 영업활동이 중요한 업종이라서 사람들을 많이 만나야 하거든요. 다만, 현장 활동이 많아도 결국에는 감정평가서는 사무실에서 작업해야 하기에 새내기 감정평가사 시절에는 야근도 많죠. 연봉은 경력에 따라서 상승합니다. 개인의 능력 차에 따라서 차이가 나겠지만, 대략 5~7년 정도 지나면 약 1억 원 정도 수준이 평균입니다.

Question 업무를 해나가시면서 가장 중요하게 생각하시는 자세는 무엇인가요?

감정평가사는 타인의 재산권을 다루기 때문에 신중하여야 합니다. 그 이유는 업무에 따라서 본인이 행한 감정평가 결과에 따라 그 부동산이 매각되는 경우가 있어서 실수하게 되면 큰 문제가 되기도 하죠. 항상 연구하고자 하는 자세와 성실한 자세가 필요합니다. 일을 수행할 때, 충분히 연구하여 당해 부동산의 적정한 가치를 찾고자 매번 노력하고 있어요.

노동의 가치는 그 자체로 위대하다

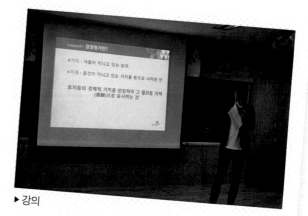

▶ 강의

▶ 미조중학교 감동교실 행사장

▶ 미조중학교 감동교실 단체사진

Question 감정평가사의 길로 가기 위해 지금부터 어떤 준비가 필요할까요?

감정평가사는 주로 부동산으로 대표되는 유형자산을 업무의 대상으로 하지만, 앞으로는 무형자산을 평가하는 업무 역시 중요해질 전망이에요. 따라서, 유무형 자산을 평가하기 위해서는 사회 전반과 경제적 흐름에 관한 관심이 필요합니다. 일단 감정평가사의 길로 들어서기 위해서는 무엇보다 자격시험에 합격하는 일이겠죠. 자격시험은 경제학, 회계학, 법학에 관한 공부가 필수적입니다. 따라서 이와 관련된 학과를 선택하시는 것이 좋을 듯합니다.

Question 감정평가사에 대하여 일반인들이 지니는 오해가 무엇일까요?

감정평가사를 '진품명품쇼'에 나오는 전문가들처럼 골동품을 평가하는 직업으로 오해하시는 분들이 있어요. 물론 감정평가가 가능하지만, 이제껏 골동품 평가를 해본 적이 한 번도 없네요. 그리고 병아리 감별사로 오해하시는 분들도 있죠. 병아리 감별사는 병아리의 암수 구별을 전문적으로 하는 직업이에요. 감정평가사는 모든 재화에 관한 경제적 가치를 평가하지만, 병아리 감별은 하지 않습니다. 또 하나의 오해는, 부동산 하나를 가리키면서 "저거는 얼마냐?"하고 물으시는 분들이 계세요. 감정평가사는 각종 데이터를 분석하여 경제적 가치를 도출하기 때문에 특정 부동산을 눈으로 보고 가격을 책정하지 못합니다. 마치 의사에게 외모만 보고 어디가 아픈지 맞혀 보라는 것과 같은 얘기죠. 의사 선생님도 환자에게 청진기를 대보고, 엑스레이도 촬영해봐야 환자의 상태를 정확히 진단할 수 있는 것처럼, 감정평가사들도 여러 가지 분석을 거쳐서 가치를 평가하게 됩니다.

스트레스를 게임으로 푸신다고요?

네. 저는 게임을 아주 좋아합니다. 어렸을 적부터 좋아했는데 학창 시절에는 학업 때문에, 신혼 때에는 육아 때문에 즐기지 못했었죠. 그런데 지금은 애들이 다 커서 스트레스를 게임으로 해소하고 있답니다. 게임은 스마트폰 게임이나 PC게임이 아니라, 콘솔게임(플레이스테이션, 닌텐도스위치 등)을 즐기고 있죠.

Question **감정평가사님의 앞으로 삶의 비전이나 목표는 무엇인가요?**

저는 안정적이고 시간적으로도 여유로웠던 13년간의 감정평가법인 생활을 청산하고 개인사무소를 창업했습니다. 젊은 시절 많은 시간과 노력을 자격증 취득을 위해 쏟아 부었고, 열심히 법인 생활을 했었죠. 하지만 마음속에는 늘 부동산에 대해서 더 다양한 업무를 해보고 싶었답니다. 30대를 위해서 20대를 보냈다면, 다가오는 50대 이후의 생활을 위해서 40대에 새로운 도전을 해보고 싶었죠. 그 도전의 첫 번째는, 감정평가 업무와 공인중개 업무를 병행해서 시너지 효과를 창출해보자는 것입니다. 현재 부동산중개 업무시장은 감정평가 업무시장보다 더 포화상태예요. 하지만 감정평가의 전문성을 바탕으로 부동산중개 업무를 수행한다면, 고객에게 신뢰와 전문성을 보여줌으로써 또 다른 업무영역의 확장으로 이어질 거라는 기대 때문이죠. 두 번째 도전은 유튜버 활동입니다. 지금은 비록 구독자 수 1,200명의 작은 채널이지만, 제가 이제껏 경험했던 다양한 부동산 지식을 알기 쉽게 풀어서 많은 분과 공유하고자 합니다. 감정평가업무, 공인중개업무, 유튜브 활동까지 너무 바쁘네요.

감정평가사는 상당히 자유로운 직업입니다. 저는 1인 3역의 일을 하고 있네요. 감정평가사, 공인중개사, 유튜버. 그만큼 자유롭다는 의미도 되겠죠. 본인이 하고 싶은 일이 있다면 무엇이든 병행할 수 있죠. 또한 정년 제한이 없기에 상당히 매력적인 직업이라 생각해요. 여러분, 도전하세요. 쉽지는 않겠지만, 노력하면 반드시 합격할 수 있습니다.

Question **인생의 선배로서 청소년들에게 한 말씀 부탁드립니다.**

언젠가부터 노동의 가치가 점점 무너지고 있어서 개인적으로 안타까워요. 주식투자, 부동산투자, 비트코인투자 등 노동이 아닌 일확천금을 중시하는 사회 분위기가 걱정됩니다. 물론 자본주의 사회에서 돈을 많이 벌고 싶은 것은 당연한 심리겠죠. 저 역시 돈을 많이 벌기 위해 전문자격증을 공부했으니까요. 하지만 '공부 안 하고 열심히 일 안 해도 돈을 많이 벌 수 있다.'라는 사회 분위기가 형성되면 문제는 심각해집니다. 아무도 일하지 않고 주식투자, 비트코인투자, 부동산투자만 한다면 사회는 제대로 굴러가지 않을 거예요. 제 마음속에는 어떤 일을 하든지 열심히 하면 반드시 성공할 것이고 그것이 부를 가져다줄 거라는 신념엔 변함이 없습니다. 일확천금을 위해서 노리는 것이 아니라, '맡겨진 일에 최선을 다하자'라는 신념이 여러분의 마음속에서 새겨졌으면 좋겠어요. 대한민국이 역사적으로 많은 역경을 겪었음에도 이렇게 발전할 수 있었던 건, 바로 '근면성' 덕분이라 생각합니다. 우리 아버지 세대가 열심히 일해서 결국 현재의 우리가 그 결실을 누리고 있듯이, 사회구성원 모두가 맡은 일을 책임 있게 해나간다면 세계에서 모범이 되는 국가가 되리라 확신해요. 청소년 여러분, 꼭 돈이 아니더라도 자기가 하고 싶은 일에 도전하세요. 그리고 설레는 마음으로 하나씩 이뤄나가길 바랍니다. 그러면 돈은 여러분에게 자연스럽게 찾아올 거예요. 저도 제 신념을 지킬 수 있도록 열심히 노력하겠습니다. 감사합니다.

학창 시절부터 주식투자에 관심이 많았기에 서강대 경영학과에 진학하게 되었다. 대학 시절 주식투자 동아리에서 활동하다가 2008년 금융위기로 인해 흥미를 잃게 되었다. 대학 졸업 후 삼성엔지니어링에서 근무하였다. 삼성에 다닐 때 해외에서 3년, 본사에서 2년을 보냈는데, 본사 근무를 하다가 부동산 경매에 관심이 생겼고 감정평가사에 도전하여 합격하게 된다. 현재 대형법인회사인 <나라감정평가법인>에서 근무하고 있다. 여가에도 부동산 관련 예능을 시청할 정도로 부동산에 관심이 많으며, 앞으로 외국 고객들을 상대할 목적으로 영어 회화를 공부하고 있다.

부동산 고수를 꿈꾸는 감정평가사
김아인 감정평가사

현) 나라감정평가법인 감정평가사
- 제30회 감정평가사 합격
- 삼성엔지니어링 근무
- 서강대 경영학과 졸업
- 명덕여자고등학교 졸업

감정평가사의 스케줄

김아인 감정평가사의 **하루**

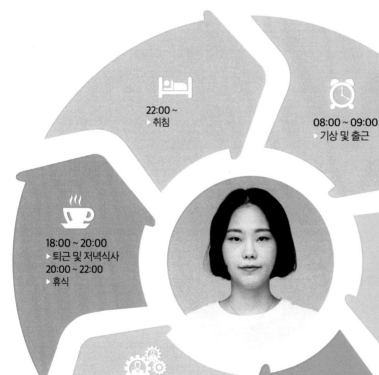

22:00 ~
▶ 취침

08:00 ~ 09:00
▶ 기상 및 출근

18:00 ~ 20:00
▶ 퇴근 및 저녁식사
20:00 ~ 22:00
▶ 휴식

09:00 ~ 11:00
▶ 영업처 통화
(탁상 감정)

12:00 ~ 15:00
▶ 출장(1~2곳)
15:00 ~ 18:00
▶ 회사 복귀 후
감정평가서 작성

11:00 ~ 12:00
▶ 점심시간

주식투자 전문가를 꿈꾸던 학창 시절

▶ 유치원 시절 여동생과 함께

▶ 유치원 친구들과 함께

▶ 초등학교 친구들과 함께

Question 학창 시절에 어떤 성향의 학생이었나요?

반에서 회장, 부회장은 꼭 하나라도 맡아서 할 정도로 활동적인 아이였어요. 고등학생 때에는 제가 문과임에도 불구하고 마이크, 기계 시스템 등을 다루는 방송반 엔지니어를 했었죠. 한 분야를 파기보다는 다양한 분야에 호기심이 많고 항상 새로운 것을 시도하려는 성격이었어요. 부모님이 모두 공무원이셔서 거의 집에 안 계셨고 제 밑으로 4살 어린 여동생, 11살 어린 남동생이 있어서 가정에 대한 책임감이 컸습니다. 부모님께서는 저를 믿고 제가 무엇을 도전하든지 항상 응원해주셨지요.

 **Question** 학창 시절 좋아했던 과목이나 흥미를 느낀 분야가 있었나요?

컴퓨터 게임을 굉장히 좋아해서 중학생 때에는 밤새워서 할 정도였어요. 영어와 수학을 좋아하고 꽤 잘했죠. 대학생 때까지 해외에 가본 적은 없지만, 미국 드라마를 보면서 다른 문화에 대한 호기심을 키웠던 것 같네요. 열심히 풀면 답이 딱 떨어지는 수학의 매력도 즐겼고요. 수학을 좋아했지만, 과학이 어렵고 재미가 없어서 문과를 택했답니다. 사회탐구로 경제를 선택했었는데, 경제가 고등학교에서 배우는 필수 과목이 아님에도 불구하고 별도로 인강을 들으면서 재미있게 공부했었죠. 고등학교를 졸업하면 주식투자를 한번 해보고 싶었어요.

경영학과를 선택하신 특별한 계기가 있었나요?

부모님께서 저에게 특별한 전공을 권유하시진 않았어요. 고등학생 때 서강대학교 홍보팀에서 나오셔서 대학교에 대한 소개와 함께 경영학과의 전망에 대해 알려주셨어요. 그때 처음 경영학과에 관심을 두게 되었고, 막연하게 주식투자 전문가가 되고 싶다고 생각했죠. 그때부터 저의 희망 직업은 주식투자를 전문으로 하는 애널리스트였습니다. 일에 몰두해서 점심시간에 책상 앞에서 햄버거나 샌드위치로 점심을 때우는 모습도 멋있어 보였고요. 주식투자를 전문적으로 하기 위해선 일단 경영학과에 가야 한다는 생각이 지배적이었죠. 대학을 졸업하기 전까지 감정평가사에 대해서는 전혀 들어본 적이 없었어요.

Question **대학 시절 동아리 활동도 활발히 하셨나요?**

대학생 때 주식투자 동아리에서 약 1년간 활동했습니다. 그런데 때마침 금융위기(2008년)가 터져서 주식투자로 시작했던 100만 원을 모두 날렸어요. 흥미가 급격히 떨어져서 주식투자 동아리는 그만두고 합창단 동아리 활동을 했답니다. 40인 규모 합창단에서 피아노 반주자 역할을 했죠. 다양한 분야에서 활동하고 있는 사람들을 만나는 게 좋았고, 반주자로 활동하면서 합창단의 선후배들과 우정을 쌓았어요. 합창단 활동을 하면서 노래도 했었는데, 대학생들이 만든 뮤지컬에도 참여해서 여러 차례 공연도 했죠. 뮤지컬 무대에서 주인공 노래에 화음을 넣어주는 역할이었습니다. 합창단은 내 소리만 내면 되는 게 아니라, 옆 사람들의 소리를 들어가면서 내 소리를 맞춰나가야 하죠. 쉽게 할 수 있는 경험이 아니기에 기억에 생생하게 남아있네요.

감정평가사가 되기 위한 관련 활동이 있었나요?

감정평가사를 선택하기 위해 회사에 다니며 부동산 경매를 배웠습니다. 그때 저를 가르쳐주신 부동산 경매 선생님처럼 되고 싶다고 생각했던 것 같아요. 큰돈이 오가는 부동산 시장이지만, 꾸준히 분석해서 투자하면 좋은 결과가 있겠다고 판단했었죠.

Question 감정평가사 이전에 직업 활동에 대해서 알고 싶어요

대학 졸업 후에 해외에서 근무할 수 있는 삼성엔지니어링으로 취업했습니다. 아부다비에서 근무했었죠. 인사팀에서 일하면서 아부다비에서 근무하는 필리핀인이나 인도인의 급여를 관리했어요. 그 후 본사 팀에서 다시 해외 인력들의 채용을 관리하는 업무를 맡았고요.

삼성을 그만두고 감정평가사에 도전하다

▶ 중3 졸업사진

▶ 중3 졸업사진

▶ 고2 수학여행

대기업을 그만두고 감정평가사를 선택하게 된 이유가 궁금합니다.

삼성엔지니어링 본사에 근무하면서 답답하다는 생각을 자주 했던 거 같아요. 날씨가 좋은 날에 사무실 안에서만 틀어박혀 있는 것도 싫었고요. 또한 야근도 잦았고, 내 능력이나 내가 일한 만큼 월급을 받을 수 없다는 사실도 회의적이었고요. 그러다가 경매에 관심을 두게 되면서 퇴사 후 감정평가사 자격증 취득을 목표로 공부했죠. 대략 2년 후에 감정평가사가 되었습니다.

감정평가사 자격시험은 어떤 식으로 진행되나요?

일단 감정평가사 자격증을 취득하려면 최소 2년 이상은 공부해야 할 거예요. 1, 2차 시험 모두 1년에 1회씩 실시되며 1차 시험은 절대평가, 2차 시험은 상대평가로 1년에 약 200명 내외를 선발하죠. 1차 시험 과목은 경제, 회계, 감정평가관계법규, 부동산학원론, 민법이고 2차 시험 과목은 감정평가 실무/이론/법규입니다.

효율적으로 감정평가사 자격을 취득할 요령이 있을까요?

빨리 합격하고 싶어 하는 사람들이 많아요. 그렇지만 빨리 합격한다고 공부 시간이 적은 것은 아니에요. 다른 사람이 2시간에 할 걸 나는 집중해서 1시간에 끝낸다는 마음으로 공부하셔야 합니다. 책상에 앉는 시간보다는 집중해서 내 것으로 만드는 과정이 더 중요하다는 것을 말씀드리고 싶습니다. 또한 공부하는 사람들과 같이 스터디그룹을 만드는 것을 추천해요. 제가 처음에 공부할 때는 '옆 사람과 한마디도 하지 않아야지'라고 결심했어요. 하지만 단기간 공부가 아니기에 힘든 점을 나누고 정보를 공유할 수험생 친구가 필요하답니다. 운 좋게도 저는 공부 잘하는 친구와 함께 공부하게 됐죠. 그 친구는 수석을 했고, 저도 긍정적인 영향을 받아서 합격했어요.

감정평가사로서 직업적 모토가 있을까요?

'정확한 가치를 판정해서 신속하게 의뢰인에게 감정평가서로 전달하자'입니다.

근무하고 계신 회사에 관해 간단한 소개 부탁드립니다.

광화문에 있는 <나라감정평가법인>에 다니고 있습니다. 서울 기준으로 약 13개의 대형감정평가법인이 있고, 그중에 한 곳입니다. 약 80명의 감정평가사가 근무 중이죠.

감정평가사가 된 후 첫 업무가 기억나시나요?

부동산 중에서도 오피스텔, 아파트 평가가 제일 쉬운 편인데요. 첫 업무로 혼자 영등포구 당산동 오피스텔에 가서 임차인을 만나고 감정평가서를 작성했었죠. 보통 1개의 감정평가서를 작성하는데 3일이 정도 걸리는데, 첫 업무라 4일 걸렸답니다.

 **이제껏 하셨던 프로젝트 중에서 가장 기억에 남는 것은 무엇인가요?**

혼자 1박 2일로 약 1시간 배를 타고 인천 섬 전체를 평가한 적이 있었어요. 그 섬은 한국의 '갈라파고스'라고 불리는 배낭여행의 성지죠. 온종일 섬 전체를 사진 찍으면서 돌아다녔습니다. 저녁에는 민박집 아저씨가 직접 구워주신 삼겹살이 정말 맛있었고요. 저 혼자서 섬 전체를 평가한다는 게 신기했죠. 제가 낸 가격이 인정받는다는 것이 전문직으로서의 자부심과 보람을 크게 느끼게 합니다.

Question 감정평가 업무를 하면서 즐겁거나 당혹스러운 일도 있으시죠?

대한민국 민화 명장의 작업실을 평가하러 갔던 적이 있어요. 나이가 많은 할머니셨는데, 저에게 일생을 쏟으신 민화를 일일이 설명해 주시면서 선물용 민화도 챙겨주셨지요. 동기 감정평가사들과 선물을 나누면서 행복했던 기억이 있습니다. 감정평가를 하면 정해진 수수료 외에는 어떠한 명목으로도 의뢰인에게 돈을 받으면 안 됩니다. 현장 출장이 끝나고 저에게 추가로 돈 봉투를 주시려고 하던 의뢰인이 있었는데 거절하느라 애먹었지요.

다양하게 부딪치고 충분히 경험하라

▶ 민화사진

▶ 사무실 전경

▶ 사무실 전경

Question 감정평가사의 근무환경은 어떤가요?

출장이 많은 직업이다 보니 출퇴근 시간에 얽매이지 않는 장점이 있습니다. 회사로 출근하기보다 바로 출장지로 가는 것이 업무적으로 더 효율적이기 때문이죠. 평가법인에 취업하게 되면 첫 1년간은 수습 감정평가사로 일하게 되는데 그때 연봉은 3천만 원 내외입니다. 수습을 거치고 나면 감정평가서를 처리하는 건수나 금액에 따라 연봉을 받게 되며 사람마다 편차가 매우 큽니다.

Question 감정평가사로서 일해오시면서 바뀐 마음가짐이 있나요?

다양한 분야의 사람을 아는 것이 좋겠다고 생각합니다. 전문 자격을 가지고 있더라도 가만히 있어서 일이 들어오는 게 아니라, 내가 사람들을 만나고 나에게 업무를 맡겨 달라는 것을 어필해야 하기 때문이죠. 또한 내성적인 사람이라도 얼마든지 강점을 발휘해서 업무를 할 수 있다는 점도 깨닫고 있고요.

Question 여가에도 공부하신다고요?

미국의 부동산 관련 예능 프로그램을 많이 보는 편이에요. 쉬는 시간에 왜 부동산과 관련된 일에 관심과 시간을 들이는지 의아해하시는데 우리나라뿐만 아니라 해외 부동산 가격이 어떻게 정해지는지를 알아도 재미있거든요.

감정평가사로서 아직 남아있는 과제가 있을까요?

아직 평가하지 못한 부동산과 동산이 많아요. 선박, 자동차, 항공기 평가 등 다양한 물건들을 평가하면서 아무리 어려운 물건이라도 전문가로서 자신 있게 가치를 산정하고 싶은 평가사가 되고 싶습니다.

Question   **목표를 실현하기 위한** 자기 계발 활동이 있나요?

영어 회화를 공부하고 있어요. 해외에서 근무했기 때문에 일상적인 대화는 가능하지만, 전문적인 영어 발표에 대해서는 어려움을 느끼죠. 부동산을 평가받고 싶어 하는 외국 고객들도 많거든요. 영어로 부동산의 가치에 대해 발표하고, 영문 감정평가서를 발급하는 일을 하려고 합니다.

Question   **청소년에게 추천하고 싶은** 감정평가와 관련된 도서가 있을까요?

추천하는 도서는 "공간의 가치"입니다. 늘 지나다니는 길목에 항상 손님이 많은 저 카페의 임대료는 얼마나 될까? 한 번이라도 궁금증을 품었던 청소년이라면 이 책을 꼭 읽어보세요. 공간이라는 것이 어떻게 가치를 가지게 되는지 재미있는 예시를 들어 설명해주는 책이거든요.

다른 직업과 차별화된 감정평가사 직업의 매력은 무엇일까요?

감정평가사들에게는 전국 맛집 지도가 있어요. 전국을 돌아다니면서 평생 가보지 못할 곳도 가게 되죠. 서울 한 곳에서 평생 근무하는 것이 아니라, 푸르른 자연을 만끽하면서 일하는 게 정말 좋아요.

인생 선배로서 후배들에게 조언과 격려 부탁드립니다.

저는 대학생 때 10개가 넘는 아르바이트(교복 판매, 빵집 알바, 음식점 서빙 등)를 했답니다. 그때가 아니면 할 수 없는 경험이 있죠. 많은 걸 겪고 느껴보세요. 그런 경험이 쌓여서 여러분의 미래에 어떻게든 꼭 영향을 미칠 겁니다.

감정평가사에게
청소년들이 묻다

청소년들이 감정평가사에게
직접 물어보는 9가지 질문

감정평가사 자격시험을 어떻게 준비하셨나요?

감정평가사 시험 준비를 위해 신림동에서 자취생활을 했어요. 오가는 시간도 아끼고 같은 수험생활을 하는 분들과 교류도 할 수 있었기 때문에 2차 시험 전 약 1년간 자취생활을 했죠. 감정평가사 시험 준비는 몇 개월 동안 할 수 있는 게 아니기에 때때로 장소를 옮겨가며 최대한 집중력을 키우려고 노력했던 것 같아요. 3개월은 학원 도서관에서, 3개월은 서울대학교 도서관에서, 3개월은 집에서, 이런 식으로 때마다 환경을 바꿔가며 집중력을 유지하려고 했답니다. 또한 몇 년간 같은 공부를 하기 위해서는 체력도 중요해요. 매일 일정 시간 헬스클럽에서 유산소 운동과 수영을 병행했고, 주중 공부 시간은 하루 10~11시간으로 꼬박 2년을 채웠죠. 루틴이 깨지면 공부 흐름이 깨지므로 2년 동안은 대부분 같은 루틴으로 생활했어요. 단, 주말은 푹 쉬면서 하고 싶은 여가 활동을 하며 스트레스를 해소했고요.

진로를 선택할 때 가장 중요하게 생각하는 기준은 무엇인가요?

직업을 결정할 때 본인의 적성에 맞는지가 우선이라고 봅니다. 저 같은 경우는 사무실에서 일하는 것보다 출장업무를 병행하다 보니 적성에 잘 맞는다고 생각해요. 또한, 내가 지금 하는 일이 앞으로 괜찮을지에 대한 고민도 필요하죠. 다가오는 4차 산업혁명에는 과거에 인정받던 직업들이 축소되거나, 사라지는 예도 있을 수 있다고 봐요. 그리고 저에겐 주변 사람들에게 도움을 줄 수 있는가도 감정평가사를 택한 중요한 이유였어요. 누구나 집을 소유할 수 있고 부동산투자를 할 것이기에 저를 필요로 하는 사람들이 많을 거로 생각했죠. 마지막으로 감정평가사를 선택하게 된 결정적인 이유는 대한민국 전문자격사 중에 인원수가 제일 적답니다. 2021년 기준 공인회계사 약 23,000명, 세무사 13,000명, 변리사 10,000명, 변호사 25,000명인데 비해 감정평가사는 4,300명밖에 되질 않아요.

유능한 감정평가사가 되기 위해서 학벌이 중요할까요?

감정평가사는 소위 명문 SKY대학 출신이어야 합격 후에 유리한지 궁금할 수 있을 거예요. 결론부터 말씀드리면 절대 아닙니다. 변호사의 경우, 의뢰인이 변호사를 선임할 때 출신대학, 전공, 경력 등을 종합적으로 따지지만, 감정평가사는 의뢰인들이 상기 요건을 거의 묻지도 따지지도 않습니다. 과거를 묻지 않기에 늦었더라도 노력만 하면 얼마든지 좋은 기회를 얻을 수 있죠.

감정평가사가 된 후 새롭게 알게 된 사실이 있나요?

건설부동산 법무법인과 협업하면서 보상금이나 재산분할가액 등 부동산 가격분쟁이 발생했는데 뒤늦게 대응하여 수년간 소송으로 힘겹게 싸우는 분들을 많이 만났어요. 처음부터 전문 감정평가사에게 상의했더라면 하고 후회하는 사람들을 수도 없이 만났죠. 대법원까지 가서 사람들을 보며 한 번의 감정평가가 한 개인과 가정에 막대한 파급력을 미친다는 것을 실감했답니다. 사람들은 아프면 의사를 찾아가지만 수억 원, 수십억 원이 왔다 갔다 하는 부동산 가격 문제에서 감정평가사를 찾아야 한다는 걸 모르는 것 같아요. 반면 사람들이 감정평가사를 얼마나 싫어하는지 알게 됐죠. 우리 사회에서 감정평가는 주로 신도시나 재개발, 뉴타운 등에서의 '헐값 보상' 논란으로 잘 알려져 있기에 실제로 보상 현장에서 지주들이 보상평가를 수행하는 감정평가사에게 적대적인 태도를 보이는 경우가 많아요. 하지만 개발사업이 진행되는 상황이라면 감정평가에 잘 협조하고, 자기를 도와줄 수 있는 감정평가사를 찾아 상담하고, 보상금을 잘 받을 수 있도록 최선을 다해 의견을 제출하는 노력이 중요하답니다.

감정평가사 자격으로는 어디로 진출하며 근무 여건은 어떤가요?

    감정평가사 자격을 취득하면 저처럼 개업해서 감정평가사사무소를 운영할 수 있고, 회사처럼 감정평가법인에 다닐 수도 있어요. 그밖에 은행, 금융기관, 투자회사 등에 취업하기도 하죠. 연봉은 개인사무소든 법인이든 능력껏 받아 가기 때문에 일률적으로 말씀드리기는 어렵네요. 일단 여타 직업보다는 업무시간 측면에서 자유로운 대신 현장조사 등의 외부활동과 감정평가서 작성 등의 내부 활동이 융합되어 있어요. 외근을 좋아하시는 분들에게 적합하고, 일단 업무가 배정되면 특별한 사유가 없으면 끝까지 책임을 져야하기에 책임감 있고 자기 통제가 가능한 분들에게 적합한 일입니다. 또한 사회와 정보기술의 발달에 따라 업무 영역이 융합되고 있어서 기존의 업무에서 확장되는 추세죠. 전문가로서의 전문성도 중요하지만, 타 분야와의 통섭과 조율을 요청받고 있어요. 그래서 여러 분야에 관한 학습과 더불어 타 분야 종사자와의 교섭과 협력이 중요해지고 있죠.

AI의 발달이 감정평가사 직업에 위협이 되지 않나요?

    로드뷰나 AI가 감정평가사 업무를 대체할 수 있다는 말을 많이 듣긴 해요. 하지만 하나의 부동산이라도 기계로는 절대 알 수 없는 영역이 있고, 최고의 이용 분석이나 컨설팅은 사람밖에 할 수 없는 업무입니다. 직업이 사라질 걱정은 하지 않으셔도 될 거 같네요.

감정평가사의 직업적 전망을 어떻게 보시나요?

대한민국에서 다른 전문자격사에 비해 인원수가 적은 것은 사실이지만, 그만큼 업무 영역이 제한되어 있어서 전망은 그리 밝지 않을 거 같네요. 하지만 업무 영역을 개척하고 확장해 나간다면, 감정평가 업계가 성장할 것으로 보고 있어요. 지금은 많은 감정평가사가 4차 산업혁명에 발맞추어 빅데이터를 수집 분석하는 업무를 하고 있고, 자동 감정평가모형 개발 등 활발히 업무 영역을 개척하고 있답니다.

감정평가사의 보수체계가 궁금합니다.

일반 기업에서 근무하는 감정평가사를 제외하면, 감정평가업 자체만으로 감정평가사의 연봉은 천차만별이라고 볼 수 있어요. 개인의 능력과 노력에 비례한 연봉체계 때문이죠. 회사마다 성과급의 비율은 다르지만, 감정평가사 개인이 발생시키는 수익에 따라 연봉의 차이가 큽니다. 기본적으로 이 자격증을 가지고 벌 수 있는 최저 연봉은 2,500만 원 정도지만, 개인의 능력에 따라 연봉 3~4억 혹은 그 이상의 보수를 받는 분들도 있답니다.

**감정평가사에 대해서 일반인이 갖는
잘못된 통념이 있을까요?**

감정평가사가 알아서 모든 걸 파악하고, 본인의 처지에서 잘 평가해줄 거라는 막연한 생각을 하는 것 같아요. 마치 A와 B 사이에 소송이 걸렸는데, 아무 말 안 해도 판사가 알아서 내가 유리한 쪽으로 판결할 거로 생각하는 것과 같죠. 감정평가도 재판에서처럼 이해관계가 충돌하는 A와 B 사이에서 진행되는 경우가 많아요. 소송이 걸리면 재판에서 이기기 위해 법률전문가인 변호사와 상의하고 사실관계를 적극적으로 밝히면서 노력해야 이길 가능성이 커지잖아요. 마찬가지로 감정평가 문제가 발생했고 평가를 잘 받고 싶다면 적극적으로 부동산평가와 가격에 대한 구체적인 주장을 해야 합니다. 그리고 감정평가사라고 하면 "병아리 감별사냐?"는 질문도 하는데 병아리는 초등학생 때 이후로 본 적이 없어요. "내 감정도 평가해줄 수 있나?"라고 농담하는 사람들이 있는데 그 감정은 잘 평가하는 편이에요. 업무상 다양한 종류의 사람들을 많이 만나왔기 때문에 표정, 몸짓 그리고 몇 마디 대화해보면 대략 어떤 성향의 사람인지 파악할 수 있어요. 소중한 부동산을 둘러싸고 보상이나 소송 문제가 생기는 극도의 스트레스 상황에서는 사람의 진짜 모습이 드러나게 마련이거든요. 이와 같은 극도의 긴장 상태에 있는 사람들도 많이 경험해왔기 때문에 사람의 감정도 곧잘 평가하는 편이죠.

감정평가 업무 절차

감정평가란 토지·건물·기계기구·항공기·선박·유가증권·동산·영업권 등과 같은 유·무형의 재산에 대한 경제적 가치를 법적 경제적 기술적 측면에 대한 검증을 기초로 판정하여 부동산과 관련된 의사결정에 중요한 판단자료를 제공하는 전문서비스이다.

1. 탁상감정
대상 물건 파악 후, 개략적 평가 예정 금액(상한, 하한)을 통보

2. 감정평가의뢰 접수
의뢰처에 직접 방문하여 접수하거나, 팩스로 접수

3. 기본적 사항의 확정
대상 물건, 가격시점, 감정 목적, 감정 조건 등 확정

4. 처리계획의 수립
사전조사계획, 실지조사계획, 가격조사계획의 수립

5. 현장 조사를 통한 대상부동산의 확인
물적 사항 확인, 권리 형태의 확인

6. 자료의 수집과 정리
확인 자료, 요인자료, 사례자료의 수집 및 정리

7. 감정평가 방법의 선정 및 적용
원가방식, 비교방식, 수익방식

8. 감정평가액의 표시 및 감정평가서 작성

감정평가액, 필수기재사항, 임의기재사항표시 및 결정 가격의 DATA BASE화

9. 감정평가서 발송

원본 5년 보관, 신속하게 의뢰인에게 전달

10. 사후 관리

채무자와 채권자 명의변경, 필요시 대상 물건의 재조사 및 재평가

출처: 대한감정평가법인

국제가치평가사란?

  국제가치평가사 혹은 국제공인가치평가사(ICVS; International Certified Valuation Specialist)는 IACVS(The International Association of Consultants, Valuators and Analysts, 국제가치평가사협회)에서 발급하는 가치평가 자격증(Valuation Credential)이다.

  ICVS는 기업·기술가치평가사(한국의 경우 변리사, 감정평가사, 공인회계사) 자격과 2년 이상의 가치평가 관련 경력 및 경영학석사(MBA) 혹은 그와 동등한 학위가 요구된다. 또한 지정된 교육과정을 이수해야 하며 300문제의 영문 객관식 시험과 IACVS에서 제공하는 사례를 바탕으로 국제기준에 준한 기업 혹은 기술의 가치평가보고서를 작성하여 제출하는 2단계 시험을 통과해야 ICVS 자격증이 부여된다. 자격이 수여된 시점부터 계산하여 3년을 주기로 각국의 Charter에서 인정하는 과정의 보수교육(CPE)을 이수하고 자격을 갱신하여 전문성을 유지하여야 한다. 과거에는 Paper(Paper Based Test, PBT)로 시험을 시행하였으나 최근 전용 사이트를 개설하여 온라인 시험(Computer Based Test, CBT)로 응시형식이 변경되었다. ICVS의 최종 합격률은 약 30% 이상으로 추산된다. 최근 ICVS-A라는 심화자격을 새로 발표하였으나 이는 ICVS와는 완전히 별개의 자격증으로 ASA, CVA, CBA, ABV 등 타 가치평가 자격증 보유자에 오픈되어있다는 특징이 있다.

출처: 위키백과

감정평가에 관한 법률

제3조(기준)

① 감정평가법인 등이 토지를 감정평가하는 경우에는 그 토지와 이용 가치가 비슷하다고 인정되는 「부동산 가격공시에 관한 법률」에 따른 표준지공시지가를 기준으로 하여야 한다. 다만, 적정한 실거래가가 있는 경우에는 이를 기준으로 할 수 있다. <개정 2020. 4. 7.>

② 제1항에도 불구하고 감정평가법인 등이 「주식회사 등의 외부감사에 관한 법률」에 따른 재무제표 작성 등 기업의 재무제표 작성에 필요한 감정평가와 담보권의 설정ㆍ경매 등 대통령령으로 정하는 감정평가를 할 때는 해당 토지의 임대료, 조성 비용 등을 고려하여 감정평가를 할 수 있다. <개정 2017. 10. 31., 2018. 3. 20., 2020. 4. 7.>

③ 감정평가의 공정성과 합리성을 보장하기 위하여 감정평가법인 등(소속 감정평가사를 포함한다. 이하 이 조에서 같다)이 준수하여야 할 원칙과 기준은 국토교통부령으로 정한다. <개정 2020. 4. 7., 2021. 7. 20.>

④ 국토교통부장관은 감정평가법인 등이 감정평가를 할 때 필요한 세부적인 기준(이하 "실무기준"이라 한다)의 제정 등에 관한 업무를 수행하기 위하여 대통령령으로 정하는 바에 따라 전문성을 갖춘 민간법인 또는 단체(이하 "기준제정기관"이라 한다)를 지정할 수 있다. <신설 2021. 7. 20.>

⑤ 국토교통부장관은 필요하다고 인정되는 경우 제40조에 따른 감정평가관리ㆍ징계위원회의 심의를 거쳐 기준제정기관에 실무기준의 내용을 변경하도록 요구할 수 있다. 이 경우 기준제정기관은 정당한 사유가 없으면 이에 따라야 한다. <신설 2021. 7. 20.>

⑥ 국가는 기준제정기관의 설립 및 운영에 필요한 비용의 일부 또는 전부를 지원할 수 있다. <신설 2021. 7. 20.>

제4조(직무)

① 감정평가사는 타인의 의뢰를 받아 토지 등을 감정평가하는 것을 그 직무로 한다. <개정 2021. 7. 20.>

② 감정평가사는 공공성을 지닌 가치평가 전문직으로서 공정하고 객관적으로 그 직무를 수행한다. <신설 2021. 7. 20.>

제5조(감정평가의 의뢰)

① 국가, 지방자치단체, 「공공기관의 운영에 관한 법률」에 따른 공공기관 또는 그 밖에 대통령령으로 정하는 공공단체(이하 "국가 등"이라 한다)가 토지 등의 관리ㆍ매입ㆍ매각ㆍ경매ㆍ재평가 등을 위

하여 토지 등을 감정평가하려는 경우에는 감정평가법인 등에 의뢰하여야 한다. <개정 2020. 4. 7.>

② 금융기관 · 보험회사 · 신탁회사 또는 그 밖에 대통령령으로 정하는 기관이 대출, 자산의 매입 · 매각 · 관리 또는 「주식회사 등의 외부감사에 관한 법률」에 따른 재무제표 작성을 포함한 기업의 재무제표 작성 등과 관련하여 토지 등의 감정평가를 하려는 경우에는 감정평가법인 등에 의뢰하여야 한다. <개정 2017. 10. 31., 2018. 3. 20., 2020. 4. 7.>

③ 제1항 또는 제2항에 따라 감정평가를 의뢰하려는 자는 제33조에 따른 한국감정평가사협회에 요청하여 추천받은 감정평가법인 등에 감정평가를 의뢰할 수 있다. <개정 2020. 4. 7.>

④ 제1항 및 제2항에 따른 의뢰의 절차와 방법 및 제3항에 따른 추천의 기준 등에 필요한 사항은 대통령령으로 정한다.

제6조(감정평가서)

① 감정평가법인 등은 감정평가를 의뢰받은 때에는 지체없이 감정평가를 실시한 후 국토교통부령으로 정하는 바에 따라 감정평가 의뢰인에게 감정평가서(「전자문서 및 전자거래기본법」 제2조에 따른 전자문서로 된 감정평가서를 포함한다)를 발급하여야 한다. <개정 2020. 4. 7., 2021. 7. 20.>

② 감정평가서에는 감정평가법인 등의 사무소 또는 법인의 명칭을 적고, 감정평가를 한 감정평가사가 그 자격을 표시한 후 서명과 날인하여야 한다. 이 경우 감정평가법인의 경우에는 그 대표사원 또는 대표이사도 서명이나 날인하여야 한다. <개정 2020. 4. 7.>

③ 감정평가법인 등은 감정평가서의 원본과 그 관련 서류를 국토교통부령으로 정하는 기간 이상 보존하여야 하며, 해산하거나 폐업하는 경우에도 대통령령으로 정하는 바에 따라 보존하여야 한다. 이 경우 감정평가법인 등은 감정평가서의 원본과 그 관련 서류를 이동식 저장장치 등 전자적 기록매체에 수록하여 보존할 수 있다. <개정 2020. 4. 7., 2021. 7. 20.>

제7조(감정평가서의 심사 등)

① 감정평가법인은 제6조에 따라 감정평가서를 의뢰인에게 발급하기 전에 감정평가를 한 소속 감정평가사가 작성한 감정평가서의 적정성을 같은 법인 소속의 다른 감정평가사에게 심사하게 하고, 그 적정성을 심사한 감정평가사로 하여금 감정평가서에 그 심사 사실을 표시하고 서명과 날인하게 하여야 한다.

② 제1항에 따라 감정평가서의 적정성을 심사하는 감정평가사는 감정평가서가 제3조에 따른 원칙과 기준을 준수하여 작성되었는지 여부를 신의와 성실로써 공정하게 심사하여야 한다. <개정 2021. 7. 20.>

③ 감정평가 의뢰인 및 관계 기관 등 대통령령으로 정하는 자는 발급된 감정평가서의 적정성에 대한 검토를 대통령령으로 정하는 기준을 충족하는 감정평가법인 등(해당 감정평가서를 발급한 감정평가법인 등은 제외한다)에게 의뢰할 수 있다. <신설 2021. 7. 20.>

④ 제1항에 따른 심사대상·절차·기준 및 제3항에 따른 검토절차·기준 등에 관하여 필요한 사항은 대통령령으로 정한다. <신설 2021. 7. 20.>

제8조(감정평가 타당성 조사 등)

① 국토교통부장관은 제6조에 따라 감정평가서가 발급된 후 해당 감정평가가 이 법 또는 다른 법률에서 정하는 절차와 방법 등에 따라 타당하게 이루어졌는지를 직권으로 또는 관계 기관 등의 요청에 따라 조사할 수 있다.

② 제1항에 따른 타당성 조사를 할 경우에는 해당 감정평가법인 등 및 대통령령으로 정하는 이해관계인에게 의견진술 기회를 주어야 한다. <개정 2020. 4. 7.>

③ 제1항 및 제2항에 따른 타당성 조사의 절차 등에 필요한 사항은 대통령령으로 정한다.

④ 국토교통부장관은 감정평가 제도를 개선하기 위하여 대통령령으로 정하는 바에 따라 제6조 제1항에 따라 발급된 감정평가서에 대한 표본조사를 실시할 수 있다. <신설 2021. 7. 20.>

제9조(감정평가 정보체계의 구축·운용 등)

① 국토교통부장관은 국가 등이 의뢰하는 감정평가와 관련된 정보 및 자료를 효율적이고 체계적으로 관리하기 위하여 감정평가 정보체계(이하 "감정평가 정보체계"라 한다)를 구축·운영할 수 있다.

② 「공익사업을 위한 토지 등의 취득 및 보상에 관한 법률」에 따른 감정평가 등 국토교통부령으로 정하는 감정평가를 의뢰받은 감정평가법인 등은 감정평가 결과를 감정평가 정보체계에 등록하여야 한다. 다만, 개인정보 보호 등 국토교통부장관이 정하는 정당한 사유가 있는 경우에는 그러하지 아니하다. <개정 2020. 4. 7.>

③ 감정평가법인 등은 제2항에 따른 감정평가 정보체계 등록 대상인 감정평가에 대해서는 제6조 제1항에 따른 감정평가서를 발급할 때 해당 의뢰인에게 그 등록에 대한 사실을 알려야 한다.
<신설 2021. 7. 20.>

④ 국토교통부장관은 감정평가 정보체계의 운용을 위하여 필요한 경우 관계 기관에 자료제공을 요청할 수 있다. 이 경우 이를 요청받은 기관은 정당한 사유가 없으면 그 요청을 따라야 한다.
<개정 2020. 6. 9., 2021. 7. 20.>

⑤ 제1항 및 제2항에 따른 정보 및 자료의 종류, 감정평가 정보체계의 구축·운영방법 등에 필요한 사항은 국토교통부령으로 정한다. <개정 2021. 7. 20.>

감정평가사 관련 도서

관련 도서

공간의 가치 (박성식 저/ 유록출판)

명동의 임대료는 얼마인가?

어떻게 해야 건물에서 쫓겨나지 않나?

아파트에 발코니가 왜 이렇게 많나?

가장 인구밀도가 높고, 성장률, 도시화율, 저축률이 높았던 나라는?

왜 서울 상권은 빨리 뜨고 빨리 죽나?

상가 권리금은 왜 발생하나?

한국과 미국의 유통구조는 무엇이 다른가?

왜 부동산 사모 단일거래 펀드가 많나?

어떻게 전세금, 분양권, 회원권은 모두를 이롭게 했나?

홍콩, 싱가포르, 도쿄, 상하이, 서울의 임대수익률은?

앞으로 사람들은 어떤 공간을 원하나?

어떻게 부동산을 투자하고 개발하고 평가하나?

한국 사람의 최대 관심, 부동산! 한국 부동산의 수수께끼를 푸는 유일한 책!

서울대, 고려대 출신 전문가가 권하는 최고의 부동산 책!

부동산 금융, 경제, 건축, 도시에 관심 있는 사람의 필독서!

한국 부동산학 및 감정평가 이론의 문제!

알기 쉬운 부동산 교육의 길잡이!

기업가치평가 (팀 쿨러 저/ 인피니티북스)

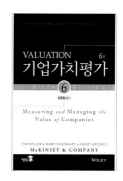

기업재무관리 전문가들로부터 최고의 안내서로 25년간 호평받은 맥킨지의 기업가치평가 6판은 이미 증명된 가치창출의 원칙을 바탕으로, 기업의 경영자가 업계에 퍼진 잘못된 생각들을 던져버리고 가치 창출을 위한 올바른 의사결정을 할 수 있도록 도와줄 것이다. 오늘날과 같은 불안정한 세계 경제 속에서, 업계 상황을 반영하기 위해 전면개정한 기업가치평가 6판은 조직의 가치 창출, 관리, 측정에 대해 최선의 직관력과 구체적인 어드바이스를 제공한다.

이 책의 메시지는 단순하다. 주주들을 위한 진정한 경제적 가치를 창출할 때 기업은 성장할 수 있다는 것이다. 기업은 자신의 자본비용을 상회하는 수익률을 창출하는 투자안에 투하자본을 투자하여 가치를 창출한다. 이 원칙은 시간과 장소를 불문하고 적용된다. 본서는 왜 핵심 가치 창출 원리가 중요한지와 어떻게 가치를 향상하는지 설명한다.

본서 중 가치평가 테크닉과 관련된 내용은 가치평가를 적절히 수행하는 방법을 차례대로 설명하고 있다. 즉, 실제 컨설팅을 수행할 때 사용하는 가치평가 체계를 설명하고, 가치평가 과정에서 발생하는 실무적인 판단을 강조하는 구체적인 사례 연구를 제시할 것이다. 본서의 경영자와 관련된 내용은 경영에 대한 올바른 의사결정을 위해 가치평가의 사용 방법을 설명하고 있다.

나는 디벨로퍼다 (여의도 김박사 저/ 혜성출판사)

디벨로퍼는 사회적 책임을 가지고 창조적인 개발을 할 수 있는 사람을 말한다. 『나는 디벨로퍼다』의 저자는 "수익은 창조적인 개발에서 부수적으로 자연히 따라오며 살기 좋은 도시를 만들겠다는 사회적인 책임 의식이 있는 디벨로퍼가 많아지기를 기원한다"라고 책을 통해 이야기한다.

2020 부동산 메가트렌드 (HMS부동산랩 저/ 와이즈맵)

하버드, MIT, 서울대 출신 부동산 전문가들의 미래 진단 리포트!

『2020 부동산 메가트렌드』의 저자 HMS부동산랩 멤버들은 모두 하버드대학교와 MIT대학교, 서울대학교의 부동산 석박사 출신으로 학계는 물론 부동산 업계에서 왕성하게 활동 중이다. 또한 미국을 비롯 싱가포르, 홍콩 등 전 세계 부동산 투자 및 시장 분석을 담당했던 저자들은 세계 최고 수준의 학문적, 기술적 기반 위에 실물 경제에서의 사업 경험을 더해 한국의 부동산 트렌드는 물론 아시아를 포함한 글로벌 부동산시장에 관한 연구를 공유해왔다. 이들은 단편적인 정보와 단기적인 투자 방식이 아닌 경제적, 사회적 동향과 인구학적 빅데이터까지 총망라한 분석법을 중시한다. 총체적 상관관계의 결과물인 부동산의 미래를 진단해온 연구 성과물을 한 권의 책으로 묶어냈다. 산업별 부동산시장의 동향, 해외 부동산시장의 움직임, 인구의 축소와 생활의 변화에 따른 시장의 파괴 등 세밀하고 미래지향적인 리포트는 미래를 준비하는 이들에게 명확한 방향을 제시하고 있다.

건축물 감정방법 (김성수 저/ spacetime)

에이스종합엔지니어링건축사사무소의 김성수 대표가 전하는『건축물 감정방법』이 책은 크게 네 개 항에 걸쳐 건축물 감정에 관해 이야기한다. 첫 번째 항에서는 건축물 감정이란 무엇이고, 건축 감정인의 자세는 어떠해야 되는지를, 두 번째 항에서는 건축물 감정의 다양한 종류 및 감정을 수행하는 방법에 대해 구체적으로 논하였으며, 세 번째 항에서는 감정서 작성 방법 및 그 절차 등에 관하여 간단히 논하였다. 그리고 네 번째 항에서는 저자가 경험한 감정의 감정 보고서 사례를 발췌하여 기술하였다.

지식재산 무형자산 평가실무 (경응수 저/ 나무미디어)

이 책은 국제적으로 통용되는 특허권, 상표권·브랜드, 영업권, 로열티 등의 평가모형을 IVS 방법론에 의거 제시한다. 또한 개정판에서는 지식재산 로열티 평가의뢰가 날로 증대하고 있는 현실을 반영하여 특히 로열티의 평가방법에 대하여 실무사례를 통하여 자세히 설명하고 있으며, 국제평가기준(IVS)에 부합하는 지식재산 평가방법에 대한 대학원 수준의 교재, 또는 일반 기업의 지식재산 관리자들을 위한 무형자산 가치 극대화 전략 지침서로도 활용될 수 있도록 하였다.

4차 산업혁명 시대, 전문직의 미래 (리처드 서스킨드, 대니얼 서스킨드 저/ 와이즈베리)

저자들은 10여 개 전문 직종의 변화상을 심층적으로 분석하고, 각계의 대표 사례들을 조사한 결과를 바탕으로 기술혁신으로 인한 전문직 혁명의 흐름과 그에 맞는 대응책을 이야기한다. 20세기 이후로 좀처럼 변하지 않던 '전문직의 종말'을 알리는 8가지 변화 패턴을 분석해보고, 사회에서 전문성이 생산되고 분배되는 방식에 대한 7가지 모형을 예측하며, 앞으로 새롭게 바뀔 전문직의 업무 및 일자리 지형도를 알아본다. 이와 더불어, 기계가 해

낼 수 없는 인간 전문가만의 역량과 경쟁력은 무엇이며, 기계와는 어떻게 협업해야 하는가를 살펴보며 전문직의 미래에 대한 A to Z를 상세하게 알려준다.

빌딩을 지배하라 (서브원 FM사업부 저/ KMAC

　빌딩 청소나 관리 업무로만 여겨졌던 FM 비즈니스의 패러다임을 차별화된 서비스로 새로운 고객가치를 창조하는 신개념의 비즈니스 영역으로 승화시킨 주인공 '서브원'의 이야기를 담았다. 하루 대부분을 빌딩에서 보내고 있는 현대인들, 하지만 이들의 대부분은 FM 분야에 관하여 알지 못하는 경우가 대부분이다. FM은 'Facility Management' 즉, 빌딩 운영과 관련된 모든 일을 종합적으로 경영함으로써 빌딩의 가치를 높이는 활동이다.

　서브원의 FM 비즈니스에서 펼쳐지는 다양한 서비스들을 만날 수 있는 이 책은 관련 업종의 산업은 물론 고객만족경영을 표방하는 많은 기업에게 새로운 시각의 좋은 참고 자료가 될 수 있을 것으로 보인다. 특히 다양한 건물 관리소에서 실제로 추진했던 고객만족경영 사례를 책을 통해 접할 수 있어, 실질적인 벤치마킹 자료로 매우 유용할 것이다.

대한민국 유통지도 (한국비즈니스정보 저/ 어바웃어북)

　『대한민국 유통지도』는 농·축·수산물에서 가공식품, 의약, 에너지, IT와 가전, 생활용품, 엔터테인먼트에 이르기까지 품목별로 생산에서 판매, 소비에 이르는 유통 구조도를 섬세하게 그려내어 시장의 흐름을 한눈에 조망할 수 있도록 했다. 56개의 다양한 아이템 속에 녹아 있는 유통의 꼬리를 그림으로 그려 이해하기 쉽게 풀어냈다.

　각 제품에서 구현된 유통 구조도를 유심히 살펴보면 시장의 흐름을 방해하는 장애물의 실체가 적나라하게 드러난다. 또 경로의 어느 지점에서 제품의 가격이 눈덩이처럼 불어났는지도 진단해준다. 핵심 요소라 할 수 있는 유통 경로와 비용, 마진, 가격 등에 얽힌 속내를 들여다보는 것은 56개 물건의 유통구조를 깊이 있게 이해하는 기회를 제공한다.

지적도의 비밀 (전종철 저/ 라의눈)

　"토지는 천 개의 얼굴을 가지고 있다."라는 말이 있다. 토지의 외관은 누구나 같게 보지만 그 가치는 보는 이의 실력에 따라 천차만별로 다르게 보이기 때문이다. 이 책은 본격적인 지적도 보는 법에 대한 해설서로써 토지를 보는 '진짜 눈'을 제공한다. 지적도를 보는 눈은 남다른 실력과 안목으로 키워지는 것이며 이를 위해 이 책에서는 분석의 표준이 되는 130여 개의 사례를 사용하였다.

　지적도 해석의 첫 번째 비밀의 열쇠는 해당 필지를 가로지르는 여러 가지 선의 위치와 의미를 정확하게 판단하는 데 있다. 또한 토지의 투자분석에 결정적인 역할을 하면서도 지적도에는 표시되지 않는 '보이지 않는 선'의 존재도 인식하고 해석할 수 있어야 한다. 특히 지적도를 사용함에 있어 그 현장감을 되도록 살리기 위해 별도의 제작 없이 정부 사이트에서 제공하는 화면 그대로를 가져와 책에 사용하였다. 설명의 편의를 위해 일부는 편집하여 보여주고 있다. 이 책을 통해 독자들은 토지 내면을 보고 해동 토지의 성장성과 개발 가능성을 추정해 나가는 이 방식을 이 책을 통해 배울 수 있을 것이라 장담한다.